紫微心法的前世今生

天翊居士——著

導讀

我在二〇〇六年，有出版一本《紫微心法揭祕》，我出書不是為了賺錢和名聲，只因此法快失傳了！幾乎沒幾位老師會運用？我很幸運的有得到此法，也不斷的研究精進！因為算命三十多年來看得很多，也幫人無數，感觸也很多，本想隱退了，所以把這最高段的法給寫出來。

此法一定要有紫微斗數的基礎才學得來，因為它是演化出來的，再延伸出來。它比傳統的紫微斗數快速又方便！不用生辰八字，用取機法，也就像占卜。專心想，抓水晶、抓米、抓紅豆、翻書頁，都可以排出一個心盤！所以抓數字，就可以查出，你被什麼障礙住了。由盤面可以看出因果、業障、未來，還有其他的事情都可以問。如：房屋的狀況，我不用到現場，由盤面上就可看出此屋的狀況，適合買嗎？會不會套牢？也可由命名看出此人的運勢。自己的手機號碼、車牌號碼，這些很生活化的東西，都會影響我們的生活運勢。現在的社會競爭，因為人的貪、嗔、癡，造成自己的運勢阻礙。有人因為滿身的學識與能力，而施展不出。有人努力一生，不去設計別人，卻被人設計。當人很辛苦，也需要很多智慧與學問，在人生的道路上可以暢行無阻。而此法，也因為我的研究與生活經驗，不斷體會精進，獲益良多，也更融合生活化，幫助很多人在迷途中清醒突破！而我這本書，是可以由盤面看出人的一生是否有障礙？來人間轉幾世？要圓滿何事？查出累世？而且比催眠還快。每一人的出生，都有他要圓滿的人、事、物？累世的習性與執著也會阻礙你的前途和財運？就像你在人生道路上行走，你會被什麼石頭絆倒？你該如何東山再起？或如何把石頭搬開？

人生到處是學問，到處是課題，你要知道如何解決，不要被生活反噬？才可以很快的開運與成就！我很歡迎有興趣之人，共同來商討研究，但不願面對自己個性的缺點和脾氣不改的人，請不要來找我。以我的經驗，這樣的人都是自己的個性害了自己？人與人的相處，並不是互相在計較對方的對與錯，沒有人是要單方面地對你好和給予的，也不要貪心於家人關係而親情勒索，然後把自己身邊的貴人都趕走了？要與社會融合，與人相處得來，你的人生才有百分百的勝算，生活要過得美滿幸福啊，才不會虛晃一世！

序

這是我算命三十年以來，最想要寫的一本書，我幫過很多人，救過他們的命，改善他們的運勢，解決各式各樣的案例……

但是令我不解的是，每個人的習性、執著、心結是無法改變的嗎？

我曾經去接受催眠，我很快就進入，看到原來我有一世就是算命老師，可是有朋友去催眠，卻屢屢無法進入。後來我發現，原來因果是公平的，一定會發生，因為都是累世造下的因(種子)，才會很難改變，要在這一生做了結，你自己一定要找出原因做突破，否則，只是一再的輪迴、輪迴而不明白。

我的學生一直鼓勵我，把一些因果和我算命的經驗寫出來，希望可以幫助一些人，從因果的漩渦中走出來，也不要再造新的業障。很多人因為感情和錢財，與身邊的一些人、事、物，因為自己的執著，而傷害自己也傷害到旁人，甚至造下可怕的業力，而無法明白解脫，生活在恐懼、痛苦的深淵裡而無法自拔。

這些案例，都是真實的，也經過本人證實，他們都覺得超神奇和神準。

為了保護個人隱私，我並不會署名。

這就像一種深層精神溝通，比催眠還快速，每個人的累世，都可查得一清二楚，人們就是因為對累世的執著無法放下，造成累世的糾結，甚至因此帶著業障病，或無法開運，當你知道以後，你會更釋懷，生活更充實快樂，也會更開運喔！

而在我幫人查了那麼多的累世，我發現只要在前世有累積功德福報的人，他來世都會出生富貴之家，然後財運都很好，生活很平順。我想真的要讓每一世活得很精彩，真的要靠個人努力，累世的把自己的靈提升，這樣才能達到不再來輪迴受苦。因果是公平的，該還的還是要還，該你得的，最終還是會回到你身上的！人身難得，好好修行真的很重要。

希望這本書的出版，可以幫助每個人，對自己的瞭解、改善、開悟、解脫！

問事方法：

當心中有疑問時，當下你可以應用到的東西，如書本、米粒、豆子、瓜子，只要可以取數就好。再不行，都沒東西可以運用，讓問事者自己心裡面想！先想自己要問的事後，第一個念頭，想到的3組數字，而且不限幾位數，都可運用！一般我都請對方想三組數字給我。為何要取數3組？因為代表年月日時，也就是第一組數字取數為「年」，第二取數為「月」，第三取數為「日」，3組數字加起來為時辰，演算出來，照這三組數字排出一張紫微心盤。依此心盤論述，依我的經驗，可以說百分百的準！也比用生辰八字排出來的紫微命盤看到的會更多，更神奇！此法要應用，建議使用者要有修為，互補之下，會比問神明還要清楚。我屢試不爽，每次的應證下，讓我自己也不得不佩服，也不敢鐵齒和行為偏差。人真的要好好修，不管走入什麼法門。我不特別偏向什麼法門，因為每種派別，都有它神奇與值得學習的法門，藉由宗教，也就是修正自己的行為，人生才能發揮極致，而不是痛苦過一生。我也因此接觸宗教，找尋適合自己的修行法門，幾乎每種宗教的法門，我都有研究過！用心想的數字，要心無旁騖，如果沒辦法專心，就請他自己算自己的名字，幾劃的組合。如果是來我的工作室者，我會準備水晶，讓對方抓三份，每一份有幾顆依序為三組數字，例如；抓第一份為10顆水晶，抓第二份為5顆水晶，抓第三份為21顆水晶，然後再以這三組數字排出一心盤，即可論事。排法和紫微斗數的排法是一樣的。看法也是運用紫微斗數的看法觸類旁通去論述，去延伸發展出來的！但就因為我接觸的人多，由算命經驗中，也可以看出問事者當下的狀況，為何命運受阻？甚至，有人是被下符、作法、詛咒？或業障現前？被冤親債主討？以上總總現象，我都處理過。至於看法，因為是我三十年的經驗！真的很難詳解，只是感觸很多。人的不順遂，有很多都是自己造成的。我寫下的案例，都是我真的處理過的，寫出來讓大家參考，以示警惕！大家可以輕鬆的看完此書，對自己本身做檢視，要如何過好一生，還是要痛苦過一生？要老有所依？還是孤獨一生？還是要懺悔一生？人生苦短，很多人、事、物，錯過了，就失去了，再也要不回來，回不去了。現在的人很重視環保，知道地球毀滅了是浩劫！可是人要是沒有天天替自己做檢視，那是自己滅了自己，也是很可怕啊！我盡力在我有生之年，可以幫到人的，盡力而為，可是很多事，也要自救啊！旁人講再多，自己不去力行，也是多餘，枉費啊！賺再多的錢，過多好的生活，不懂得惜福，珍惜你身邊的人、事、物，最後都會是一場空！我只是一位算命老師，不是一位作家，也不是一位善於口才的銷售者，我只是把我多年算命經驗與感觸寫出來。我常跟我的算命者說，我會算命，但我不鼓勵迷信，凡事還是要去驗證、準不準、誰才是你的貴人，真的很重要！自己才是自己的貴人，自己不改變，一切都只是照既定的方式，繼續下去而已。而且每一世的輪迴轉世，自己不做突破，如何圓滿？然後不管你輪迴幾世，永遠遇到的過不去的坎還是會遇到啊！那就是鴕鳥心態，那你的人生，只能這樣！該如何爬上巔峰？

目錄

案例一

紫微 忌 沖 七殺 己巳 父	天刑 庚午 福	天喜 辛未 田	陰煞 官 壬癸
天梁 科 天機 戊辰 命	己丑年十月十四日 未時		廉貞 破軍 癸酉 友
天相 文昌 丁卯 兄			甲戌 遷
太陽 巨門 丙寅 夫	武曲 祿 貪狼 權 左輔 右弼 華蓋 丁丑 子	太陰 天同 丙子 財	天府 文曲 忌 乙亥 疾

問：我有結婚，與先生屬龍的，不管我對家人如何付出，好像永遠得不到家人的肯定？先生還不停外遇？

案例一

詢問者相關人對象：先生 生肖：龍 26.22.44

原始是神明（關聖帝君）底下的武將，人緣很好，有蠻多的仙女喜歡妳，妳就是為了喜歡上屬龍的，產生感情，因為人家的嫉妒，就陷害你們，去跟帝君講，你們被打下人間學，妳來人間八世了！

第一世：妳是女生，有和屬龍的碰面，妳很喜歡他，但是他是出家人，妳的心情很糾結，就跟在他身邊，常常去幫他，也常常用錢護持他。妳這一世出生富貴人家，但妳很重妳的感情，而忽視與妳家人的相處，一心一意為屬龍的他做任何事，就這樣陪他一生。

第二世：妳是男生，有和屬龍的遇上，他很會賺錢，妳和他做同行，喜歡上他，可是他能力很好，很有他的個性，最後你們不和就分手了！妳因此再也沒有喜歡上其他女人，日子過得很鬱鬱寡歡，有時候去青樓喝酒，有認識一些在那裡上班的女生，但還是沒有像喜歡屬龍的那樣，覺得沒人可以比得上他，妳晚年就是這樣過了。

第三世：妳是男生，妳做生意的，也和屬龍的碰面，好像是同行或廠商，妳喜歡上她，結果你們因為雙方家人都反對，後來也就分手了。妳沒有累積福報，這一世賺錢很辛苦，沒有屬龍的會賺錢，晚年也沒什麼錢，後來就去寺廟住，跟著一起修行佈施做功德，就這樣過完一生。

第四世：妳是男生，妳很會賺錢，妳和屬龍的是好朋友很合，屬龍的是當官的，都在工作上幫他。但是他與他家人不和，但妳也陪屬龍的一起工作到老，這一世妳也沒結婚。

第五世：妳是女生，妳很愛玩，長得還不錯，異性緣很好，妳是走到哪裡？工作到哪裡?妳是在青樓工作，很像到處賣藝維生的，然後到哪裡就結交桃花，也因此沒有結婚，晚年有在寺廟住，有佈施修行做功德。

第六世：妳是男生，因為妳前世有做佈施功德，所以這一世妳是當官的，還出生在富貴之家，妳很清廉自守，很努力工作幫人，也因為忙於工作，這一世沒遇到屬龍的，也沒結婚。

第七世：妳是男生，妳這一世很努力賺錢，也很辛苦勞碌，也是出生富貴之家，但與家人很不和，所以自己出外去打拼，這一世出外有遇到屬龍的，但後來不和就各走各的。這一世沒結婚，妳就這樣過一生。

第八世：就是現在這一世，妳要圓滿感情、家人、兄弟朋友間，用妳的智慧去圓滿，看能不能不要再來輪迴了?

案例二

<table>
<tr>
<td>武曲 忌 沖
破軍
癸巳 疾</td>
<td>太陽 權
甲午 財</td>
<td>天府
乙未 子</td>
<td>天機
太陰
天喜
丙申 夫</td>
</tr>
<tr>
<td>天同
天刑
壬辰 遷</td>
<td colspan="2" rowspan="2">辛丑年八月二十六日亥時
木三局</td>
<td>紫微
貪狼 忌 沖
丁酉 兄</td>
</tr>
<tr>
<td>文曲 科
右弼
辛卯 友</td>
<td>巨門 祿
戊戌 命</td>
</tr>
<tr>
<td>紅鸞
庚寅 官</td>
<td>廉貞
七殺
華蓋
辛丑 田</td>
<td>天梁
陰煞
庚子 福</td>
<td>天相
文昌
左輔 科
己亥 父</td>
</tr>
</table>

問：我還沒結婚，現在有一男友屬豬的，想問結婚好嗎？

案例二　　　　　　　　詢問者相關人對象：男友：豬 158.212.326

原始是神明（五府千歲）駐派到外地的顧問，然後和屬豬的男友因工作上認識，產生感情，引起其他人的嫉妒，就告到神明處，害你們被打下人間學習，妳來人間八世了！

第一世：妳是男生，妳是修行人、出家人，修得很好當到住持，很會賺錢，說法的對象很廣，甚至到國外，所以妳也學習外語，外語能力很好。屬豬的男友，很喜歡妳，但知道出家人不能談感情，就默默護持著妳，怕妳沒錢也給妳錢。但人與人之間的相處很難，尤其妳接觸到的都是高僧，他們都很有他們的想法，相處中也造下朋友間的業障。

第二世：妳是女生，生意做得很大，很漂亮也很有能力，因為很會賺錢，就很多兄弟朋友會想設計妳的錢，妳和屬豬的男友是因為生意上認識的，但後來因為意見不和，就分手了。你因為能力好又很會賺錢，找不到很合適的男友，後來就沒結婚，這一世妳疏忽與家人的相處，要想辦法圓滿。

第三世：妳是女生，因為累世還很有福報，這一世還是很會賺錢，聰明過度，對兄弟朋友不太相信，因為前世遇到很多要設計妳的錢的人，還是要圓滿。這一世妳有結婚，但因為不和，很快又離婚，屬豬的男友，這一世也是情人而已。妳能力好有妳的龜毛點。妳因為妳的個性，所以感情走得很坎坷，妳要稍微放下眼睢睢，才能有好伴侶相伴，不然妳靠自己是沒問題的。

第四世：妳是男生，這一世其實神明是希望妳趕快開悟回天上，妳是當官的，妳很忙很盡心在幫人處理事務，也很公正清廉，但妳家人居然幫妳收賄賂，害妳擔不完，這一世妳也忙到沒結婚。

第五世：妳是男生，妳很努力賺錢，是在還前世妳家人收賄賂造的業障，所以妳遇到的兄弟朋友，都很會龜毛妳。因此妳這一世過得算辛苦的，連感情也很不順，都達不到妳想要的，後來妳也想開了，就沒結婚。

第六世：妳是男生，前世忘了做佈施功德，這一世比前世更辛苦，遇到的桃花心機都很重，只有屬豬的對妳是真心的，後來妳有和他結婚，就是很辛苦過普通人家的生活。

第七世：妳是女生，妳很愛玩樂，想法天真不積極，因為一直賺不到錢，有些美色，後來也去青樓就是現在的酒店上班，後來是當人家的小三，想說生活過得去就好，誰知小三不好當，對方看錢很重，常常囉嗦妳，害妳後來不和和他分手，可是妳也被影響到，居然自殺身亡，無法開悟啊！

第八世：就是現在這世，妳要圓滿家人、感情、兄弟朋友間，妳好好思考，看能否這一世圓滿了，可以不要再來輪迴了。

案例三

七殺 己巳 夫	右弼 庚午 兄	辛未 命	左輔 忌 沖 壬申 父
天機 天梁 華蓋 戊辰 子	甲子年五月二十四日亥時		廉貞 祿 破軍 權 天喜 癸酉 福
天相 文曲 紅鸞 丁卯 財	土五局		甲戌 田
巨門 忌 太陽 丙寅 疾	武曲 天刑 貪狼 科 丁丑 遷	天同 太陰 丙子 友財	天府 文昌 乙亥 官

問：我很不想結婚，工作上的事也很多，好像不管我如何處理，還是會有一堆事在等我，永遠做不完！

案例三　　詢問者相關人對象：豬，羊，狗，蛇 1.77.54

原始是神明（文殊菩薩）下的女將，專門處理總務方面，妳很盡責又很會亂想，每天雜事一堆處理不完，妳先生是武將，你們相處共事久了，產生感情，造成大家很嫉妒又馬上告到菩薩那裡，妳引起很多口舌是非，因此被打下人間學習，妳來人間五世了！

第一世：妳是男生，能力很好很會賺錢，妳另一半是女生，你們有結婚，她也很幫妳，感情很好，妳因為忙於事業，疏忽與家人溝通，家人對你很有意見。但基本上他們都是為妳好。屬狗的會比較嫉妒妳會賺錢，都會跟妳計較錢喔。其他生肖豬、羊、蛇的都會助妳財，但也很會唸妳。這一世神佛也很幫妳，所以妳過得還不錯。

第二世：妳是女生，妳因前世生活過得不錯，沒做什麼佈施功德，這一世過得很辛苦，身體也常常生病，妳先生這一世也和妳是夫妻，他是當官的因為很清廉自守，所以你們沒有很富裕。他很愛妳，常常到處尋醫幫妳看病，其實妳是業障病，是妳前世事業上賣的東西有造到業障，譬如這世做化工的，就會傷到人的健康。就這樣過一生。

第三世：妳是男生，長得很帥，桃花超多的，而且都是助妳財運的，這一世家裡較沒錢，妳很獨立都靠自己打拼，妳賣跟女人有關的東西，譬如化妝品或衣服，所以女人緣很好。也造成妳桃花一個交過一個，最後都看不上好的。所以這一世就沒結婚。

第四世：妳是男生，也是很清廉自守，所以沒有很富裕，但女人緣還是很好，也很幫妳助妳的財。這一世妳也沒結婚，妳另一半和妳是情人而已。晚年常去寺廟護持做功德。

第五世：就是現在這世，我看妳累世沒造什麼業障，這一世用智慧去處理一些事情，應該也可不用再來輪迴了。

案例四

太陽 權 福 癸巳	紅鸞 破軍 天刑 田 甲午	天機 官 乙未	紫微 忌 沖 天府 陰煞 友 丙申
武曲 父 壬辰		辛酉年十月十三日 申時	太陰 遷 丁酉
天同 命 辛卯	木三局		貪狼 疾 戊戌
七殺 文昌 忌 兄 庚寅	天梁 華蓋 左輔 右弼 夫 辛丑	廉貞 天相 天喜 文曲 科 子 庚子	巨門 祿 財 己亥

問：我常常為家人煩惱，何時可以清心放下？

案例四

詢問者相關人對象：太太：龍　大女兒：鼠　二女兒：虎　兒子：龍　三女兒：馬

58.34.73

原始是在神明下面的武將，你人緣很好！遇到屬龍的太太，她是神明下面的仙女，然後你們互相產生感情，這一世四位小孩都是你的部屬，算是聽你話又幫你的好部屬，你們遭其他人嫉妒，跑去跟神明說，你們就被打下人間學習，你來人間六世了！

第一世：你是男生，出生富貴之家，家人很疼，造成你走書生路線，捨不得你吃苦，你又長得清秀，討很多女生喜歡，看你家境又不錯。結果男性兄弟朋友卻很嫉妒你，也常常說你壞話，成為詛咒。你也不懂多修行佈施做功德，你這一世，有點都靠家人資助，變成你比較懦弱。你太太屬龍，這一世就是你太太，為你擔下很多事，包括賺很多錢，為了資助你上京城考取功名當官，你考運很差，一輩子都沒考取，你抑鬱而終。

第二世：你是男生，屬龍的太太，還是你老婆。因為前世她對你付出很多，這一世你算很努力賺錢在補償她。這一世你老婆也生了，這世的四位小孩，你因為工作關係，常常出遠門，她又是出生家境不錯，家人很疼的小女兒。所以她也很小孩子氣，常常盧你，雖然你一直對她很好給她錢，可是她就是沒安全感。

第三世：你是男生，你出生佛教世家，所以你很早就出家在廟裡工作，你沒有結婚，你屬龍的太太這世，也是男生當官的，後來在你的寺廟遇到你很投緣，就常常佈施護持你。你就這樣過一生。

第四世：你是女生，你因為前世有修行佈施做功德，你很有錢。屬龍的太太這世是男生，家裡比較沒錢，入贅你家當你的先生，她變成比較沒地位。你因為是千金大小姐，比較愛玩，也有很多男人，是看上你家有錢，而來引誘你，後來你被一位桃花騙了，就把你先生離掉，造成她又對你很沒有安全感。最後你被那位桃花騙到身無分文，晚年只好去寺廟住，你也一邊修行做功德，直到往生結束這一世。

第五世：你是男生，你因為前世有修行佈施功德，這一世你是當官的，也出生富貴之家。你很清廉自守，但是還是有人對你有意見而且不服你，造成有很多口舌是非出來。你屬龍的太太，是你很好很相信你又知心的朋友，她就找你投資破了你很多財，所以她造了欠你的債。

第六世：就是現在這一世，你要圓滿你太太和小孩。這一世你還是會有錢，工作事業要穩定，必須多付出心血打拼，多做功德福報你可以很快圓滿，可能就不用再來輪迴了。

案例五

天府 乙巳 子	天同 天喜 權 太陰 祿 丙午 夫	武曲 華蓋 左輔 貪狼 右弼 丁未 兄	太陽 陰煞 巨門 忌 命 戊申
甲辰 財	丁卯年四月二日 酉時 土五局		天相 己酉 父
廉貞 破軍 癸卯 疾			天機 科 天梁 庚戌 福
忌 沖 壬寅 遷	文昌 文曲 癸丑 友	天刑 紅鸞 壬子 官	紫微 七殺 辛亥 田

問：我都結婚了，卻常常有些女生來糾纏，當然自己有事了，也會有些女生跳出來幫忙？

案例五　　詢問者相關人對象：無（因為只要瞭解自己）4.4.2

原始是神明身邊的文將，專門管文書的和教仙女們的文書和畫畫，與仙女產生感情和教得不好，協調不好，被打下人間學習，你來人間五世了！

第一世：你是女生，你在青樓賣藝，你本身很有才華，但你也很會設計客人的錢，結果被一位客人抓到你騙他，他很不甘願就對你下很重的詛咒，要讓你的感情生生世世都不順，所以你常常遇到爛桃花，然後因為這樣，你後來遇到的兄弟朋友，也都很會算計你的錢。所以你對兄弟朋友不太相信。

第二世：你是男生，這世因為過得很辛苦，都賺不到錢，你還是延續前世，一直設計兄弟朋友的錢，尤其用美色誘騙一些女生，那相對的你也都遇到爛桃花，所以你的感情走得很辛苦，就這樣惡性循環過一生。所以潛意識裡，還是不容易相信兄弟朋友。這一世你走到晚期還是沒錢，後來投靠寺廟修行。

第三世：你是女生，長得很漂亮很有人緣，因為前世晚期有在寺廟住，多少有修行跟著佈施積福報，所以財運還不錯，但自己太會享受玩樂揮霍，也沒結婚，造成晚期也沒存什麼錢，後來還是去寺廟住。

第四世：你是男生，是當地方官的小官，但因為你有收賄賂，有些事情沒有處理公平，有些是誤判，造了很多業障和誤判一些離婚事件，這一世的桃花都是來破你的財，感情也都不順，所以這世你要守規距，不然很容易卡到官司。

第五世：就是現在這世，感情也會不順，容易遇到壞朋友，你也不會很容易相信朋友，要多積福報和功德會越來越好，然後你累世都跟家人無緣，所以什麼都是靠自己吧！好好處理這世的人、事、物，看能否不再來輪迴？

案例六

巨門 辛巳 命	廉貞 天相 壬午 父	天梁（權） 右弼 左輔 癸未 福	七殺 天喜 陰煞 甲申 田
貪狼 文曲 庚辰 兄	乙丑年四月七日 子時		天同（忌）（沖） 天相 己酉 官
太陰 己卯 夫	金四局		武曲 文昌 丙戌 友
紫微（科） 天府 紅鸞 戊寅 子	天機（祿） 華蓋 己丑 財	破軍 天刑 戊子 疾	太陽 丁亥 遷

問：我被派到國外工作，有兩位朋友，不管我到哪裡，還是一直聯絡交往，我常常想緣份到底如何？是否要再聯絡？還是早點分離？

案例六　　詢問者相關人對象：男友：雞　女友：屬狗　2.4.7

原始在天上是神明底下駐派到遠方一小區域的將士，是管總務的，屬雞和屬狗的剛好是由妳帶領管教的兵士，等於是同事，大家相處很好，也因為如此產生互相挑撥嫉妒，妳因為團體管得不好，又和屬雞的產生感情，被打下人間學習，所以妳能力很好，但管事管太多，知道其中的辛苦，因此妳都喜歡單純過日子就好，妳來人間四世了！

第一世：妳是男生，應該是有出家或當居士的修行，妳很幫眾生，對人很好，這世都做跟宗教有關的事情，所以財運還不錯，忙於事業也沒結婚，就是忙於圓滿團體眾生的事，就這樣簡單過一世。

第二世：妳是女生，因為前世有修這世過得很好，出生富貴之家，屬雞和屬狗都是妳的情人，這世妳因為異性緣很好，家裡有錢，結果怕擺不平，就一直沒結婚。

第三世：妳是女生，因為前世生活富裕，不知佈施做功德，這世就過得辛苦，勞碌賺錢，這世有結婚，就是妳屬雞的先生，他很依賴妳，夫妻感情很好，屬狗的和你們認識時你們就結婚了，這中間也因為嫉妒你們夫妻感情好而搞破壞，不過沒有成功，後來她氣到離開你們，又恢復你們夫妻恩愛的過日子。

第四世：就是這世你又遇上屬雞的男友和屬狗的女友，因跟屬雞的男友交往，屬狗的女友莫名明奇妙地搞破壞，就看妳如何化解和圓滿了。

案例七

天梁 癸巳	七殺 甲午 父	左輔 天喜 右弼 福	廉貞 陰煞 忌 丙申 田
紫微 天相 文曲 壬辰 兄	丙寅年四月六日 子時		丁酉 官
天機 巨門 權 辛卯 夫	水二局		破軍 華蓋 文昌 科 戊戌 友
貪狼 忌 沖 庚寅 子	太陽 太陰 紅鸞 辛丑 財	武曲 天府 天刑 庚子 疾	天同 祿 己亥 遷

問：我與屬羊的先生和小孩間的因果？

案例七　　詢問者相關人對象：先生：羊 女兒：兔，龍　3.4.6

原始是神明或旁邊的左右護法之一，妳能力很好，幫神明處理很多事情，甚至包括錢財方面，神明很認同妳的做事也很疼妳。妳先生屬羊的是妳的得力助手，對妳很好幫妳很多，後來產生感情，造成很多人的嫉妒和不滿。屬兔和龍的小孩，也是妳的部屬，都是跟你結善緣來的，但是屬龍的主觀意識較強，所以有些事比較和妳有衝突，這世要好好溝通。屬虎、屬羊、屬雞屬鼠的，在天上都是跟妳很好的夥伴，結來的好善緣，因為妳也很會照顧他們，所以互相的幫忙合作都很協調。神明知道妳犯的感情事，是因為和屬羊的日久生情，並不是很大的錯誤，捨不得妳打下人間受苦，因此把一些妳得力的助手和夥伴都一起打下人間來幫妳，妳來人間七世了。

第一世：妳是男生，妳是階級很高的文官，很接近天子，妳很善良也有在修行佈施，常常護持寺廟幫人，妳有娶妻就是妳這世的先生屬羊，他很會說話應酬，很會賺錢甚至濫用妳的官位，居中牟取福利，但其實是為了持家，因為妳太厚道。妳妻子這樣的行為，得罪一些來求妳的人，後來就害你們滿門炒斬。屬雞和屬虎、屬羊的這世都是受妳幫助的好朋友，他們都有資助妳錢，幫你們逃亡到遠方，你們這世沒生小孩，但妳很照顧下人和朋友，他們就像妳的親人般照顧你。妳後期和妻子在寺廟修行度過餘身。

第二世：妳是男生，妳出生富貴之家，妳很孝順照顧妳的父母，從小就接近宗教，有在修行，因此也不愛結婚對感情看淡，很自由自在地過一生，這一世也修很多福報，直到父母都過世了，妳就去寺廟過完一生。

第三世：妳是女生，因為前世有修福報，這世更是會賺錢也很有錢，算是女強人。妳有結婚是屬羊的先生，他也是幫妳賺很多錢，對妳很好，但是因為太勞碌了，腎臟和心臟都不好，妳師父也有修法幫他讓他身體比較好。妳一貫的善良個性，有錢就佈施護持寺廟，這一世妳的師父就是受妳護持幫忙結來的善緣，所以他也會幫妳。這一世也生了屬兔和屬龍的小孩，屬龍的這一世繼承妳的事業，也因為忙於事業，所以沒有結婚。

第四世：妳是女生，但一出生就體弱多病，這一世沒結婚，好像也沒很長壽，但是很有玩樂的運，應該是父母看妳體弱多病，就很疼妳對妳很好，常常讓妳出去玩，也算是很好命的一世，只是活到三十歲就走了。

第五世：妳是女生，最累世都有修福報和佈施，也是嫁屬羊的先生，你能力很好，他也很愛妳疼妳，幫妳賺很多錢，對妳好也會給妳錢。這一世你們忙於事業，身體也不很好，所以也沒生小孩，晚年兩人也一起在護持寺廟和修行，生活很自在。

第六世：妳是女生，出生富貴之家，繼承家業，屬羊先生這一世，出生的家庭較窮，所以他算是入贅妳家，幫妳經營家業，這一世也是生了，兩位屬兔和屬龍的女兒，你們這一世因為忙於事業，有疏忽和兩位女兒的相處，她們都跟你們不和，意見很多。這一世本來賺很多錢，但被兄弟朋友騙去亂投資，有賠很多錢，造成妳對有些兄弟朋友不太信任。

第七世：就是現在這一世，所以妳要小心維護和兩位女兒的相處，這是妳前世欠她們的，還有妳夫妻的健康問題，好像累世都不會照顧自己的健康，還有事業方面的經營，這些應該是妳這一世要圓滿的重點，好好面對處理，應該也可以不要來輪迴了。

案例八

廉貞 貪狼 辛巳 父	巨門 壬午 福	天相 癸未 田	天梁 天同 忌 甲申 官
太陰 科 左輔 庚辰 命	庚午年一月三日 戌時		武曲 權 七殺 天刑 紅鸞 乙酉 友
天府 天喜 兄 卯	金四局		太陽 祿 華蓋 右弼 丙戌 遷
文曲 陰煞 忌 沖 戊寅	紫微 破軍 己丑	天機 文昌 戊子 財	 丁亥

問：我為何賺錢辛苦，與屬鼠的女友交往辛苦，想分手又分不掉，很痛苦，想瞭解我們的因果，要如何解決？

案例八　　　　　　　　詢問者相關人對象：女友：鼠 7.1.3

原始是男的神明下的將士，你是很努力做事，沒犯什麼錯。屬鼠的女友是女的神明身邊的將士，你們產生感情，被打下人間學習，你來人間四世了！

第一世：你是女生，有結婚是屬鼠的，但你只是長得漂亮，好像沒什麼能力，也不會理財，讓屬鼠的當你先生很辛苦，要什麼事都幫你擔待，你們兩人常常為了錢財吵架。後來你有去寺廟修行，希望轉你的業障，要讓自己開運。但也就這樣過一生！

第二世：你是男生，你因為前世有修，這一世你當地方官，應該也是神明要你學習處理眾生的事。屬鼠這世，因為自己有官司的問題，找你幫忙，而成為你的情人。

這世換你對她很好，都給她錢。

第三世：你是男生，你很辛苦，很努力在賺錢，也賺很多錢，但都被家人拿走，這一世你的家人很會算很愛錢，剛好你是家中最會賺錢的，應該說這世欠家人的，好像是你前世當官幫人判錯，害他們一家人生活陷入困境，所以這世你要養他們。你也因為這樣，這一世沒結婚，覺得怎麼努力賺錢，到頭來是一場空。晚年你就去寺廟住，好好修行。

第四世：就是現在這世，你做事不會很積極，但以後會有錢，因為你前世還是有修行佈施功德，所以你這世很敏感，靈界眾生很喜歡找你，感情方面，看你如何圓滿。

案例九

廉貞 貪狼 忌 丁巳 父	巨門 權 天喜 左輔 戊午 福	天相 己未 田	天梁 右弼 天同 庚申 官
太陰 科 文曲 丙辰 命	癸酉年三月十二日 子時		武曲 七殺 辛酉 友
天府 乙卯 兄	土五局		太陽 陰煞 文昌 壬戌 遷
廉貞 甲寅 夫	紫微 華蓋 祿 破軍 丑 子	天機 天喜 甲子 財	天刑 忌 沖 癸亥 疾

問：我想問與家人的因果關係？

案例九

詢問者相關人對象：先生：猴　大女兒：鼠　二女兒：屬兔

兒子：狗　10.15.12

原始是神明底下的仙女，在管理仙女和她們的錢財，屬猴的是神明底下的將士，是不屬於同一位神明的，但因為有要處理共同的事而相識並產生感情，在天上屬狗的是屬猴的夥伴，但共事中就很不和，屬鼠的和屬兔的也是妳的好夥伴好助手，相處得還不錯，但還是會有些磨擦。妳因為處理仙女她們的事，有處理不好和與屬猴產生感情，所以妳被打下來人間學習，妳來人間五世了！

第一世：妳是女生，與屬猴的有結婚，但先生都出外工作賺錢，夫妻聚少離多，妳生了三個小孩，就是這世的三位小孩，妳很賢妻良母，就是好好持家教育小孩，但常常鑽牛角尖，很操心家務，也很容易煩惱，因為先生長年在外。這世他和妳就有認識，他帶著妳修行唸佛做功德，怕妳想不開。

第二世：妳是男生而且當地方官，因為和屬猴是很好的朋友，他因為很花心有好幾個桃花，這世屬狗是屬猴的太太，妳因為收了屬猴的賄賂，就利用職務方便，判了屬狗的和屬猴的離婚，就這樣和他結了不好的緣。妳這世桃花也好幾個，屬鼠的和屬兔的也是妳的小孩，長大有幫妳處理公事，這世屬狗的兒子和屬猴的是好朋友，可是最後也是不和收場。

第三世：妳是男生，妳因為前世都沒佈施做功德，這世過得很辛苦，屬猴的跟妳是很好的朋友，看妳沒錢過日子，常常幫助妳。因為沒錢也和家人無緣，也沒結婚生小孩，完全靠自己，過得很辛苦。

第四世：妳是男生，但妳有出家，一輩子在寺廟度過，好好修行節儉，家人有事都會幫忙，甚至金錢援助對家人很好，因為沒結婚無家累，就這樣過一生，屬猴的曾經與妳結緣，佈施給妳，妳也常幫他做功德助他財運，結來的善緣。

第五世：就是這世，所以會遇到屬狗的來介入妳的家庭，妳必須圓滿。還有夫妻之間的相欠債，但應該屬猴的欠妳多，所以會一直養妳到老。小孩也會孝順妳，因為累世結來的緣還不錯喔！

案例十

天機 祿 左輔 忌 沖 父 辛巳	紫微 科 福 壬午	華蓋 田 癸未	破軍 官 甲申
七殺 紅鸞 命 庚辰	乙亥年二月十日 亥時		右弼 友 乙酉
太陽 文曲 天梁 權 兄 己卯	金四局		廉貞 天喜 天府 天刑 遷 丙戌
武曲 天相 夫 戊寅	天同 巨門 子 己丑	貪狼 財 戊子	太陰 祿 文昌 疾 丁亥

問：我想知道我這一世的人際關係，為何口舌是非多，不管我如何做？對人如何的好？每天都在瞎忙，好像也掌握不住什麼人、事、物？

案例十

詢問者相關人對象：先生：牛 子：鼠，蛇，虎 12.14.10

原始是神明身邊的將士，專門管理仙女和弟子們的協調相處，妳很聰明反應也很好，但只要管理到人，口舌是非就很多，很想做到面面俱到，但是就有些人對妳不滿，其中有一位就是妳屬牛的先生，他一開始對妳意見最多，後來卻因此吵到產生感情，妳的小孩鼠、蛇、虎，都是妳要協調的弟子，但後來的緣算善緣，都有互相幫助到，所以一起被打下來人間學習，你來人間四世。

第一世：妳是男生，妳是個戰將而且當到統帥的，妳這一世娶了兩個老婆，一個是屬牛的，他是工作上認識的，他很助妳的事業。一位是你屬鼠的小孩，她很漂亮，有在修行，是來報恩的，在天上妳曾救了他的命，這世來結夫妻緣還妳，所以對妳很好。

第二世：妳是男生，妳是當官的，前世妳當戰將，但你是統帥，沒有上戰場殺人，然後屬鼠的老婆一直有修行幫妳補福報，所以妳這世還不錯有當官，錢財也不擔心，妳是算清廉正義的，也沒造什麼業障？這世屬牛的先生，又是妳太太，也很幫妳的賢妻良母，你們夫妻的緣也是很好，就這樣過一生。

第三世：妳是男生，妳先生屬牛是妳的太太，這一世妳因為累世，沒做佈施功德福報，所以過得很勞碌辛苦，錢財比較留不住，或都賺錢很辛苦。夫妻感情還不錯，小孩也很孝順，你們也沒造什麼業障。

第四世：就是現在這世，妳的人很正派，就看妳如何處理？和家人圓滿，可以解脫放下應該也可不用再來輪迴了！

案例十一

天梁 文昌 財 乙巳	七殺 子 丙午	夫 丁未	廉貞 天喜 兄 戊申
紫微 天相 七殺 左輔 疾 甲辰	丁丑年一月十五日 巳時		天刑 文曲 命 己酉
天機 科 巨門 遷 癸卯	土五局		破軍 右弼 父 庚戌
貪狼 紅鸞 天喜 友 壬寅	太陽 太陰 祿 官 癸丑	武曲 天府 田 壬子	天同 權 福 辛亥

問：我為何如此勞碌，都在異地打拼，夫妻間的相處，不管我如何付出，還是有很深的代溝？夫妻常常吵不完，見面就吵？

案例十一

詢問者相關人對象：前夫：羊 兒子：牛 14.13.15

原始是神佛底下駐派到外地的將士，分派一個國家的土地讓妳管，妳能力很好管得不錯，但就是屬羊的前夫喜歡上妳，故意挑撥，大家對妳有意見，他是要引起妳的注意，然後妳特別與他溝通，也有動了情，後來被傳到神明處，就被打下人間學習，後來神明查出妳是被陷害的，就派了屬牛的兒子來幫妳。妳來人間五世了。

第一世：妳是男生，家裡很有錢，但妳很辛苦，做什麼大家都對妳有意見，大家都很喜歡龜毛妳、要求妳，但妳有修行和佈施，感受當人的辛苦所以懂得積福報。屬羊的前夫，這一世就是妳的太太，個性還是很白目，也常常和妳吵架，後來妳受不了也和他離婚了。屬牛的兒子是妳這世的第二個老婆，對妳很好，互結善緣。

第二世：妳是女生，長得很漂亮又很有人緣，妳因為前世有做功德福報，這一世也是出生富貴人家，所以妳和家人都是善緣。屬羊的是妳的好朋友也是女生，表面對妳好，私下很嫉妒妳的好人緣，一直扯妳後腿害妳。屬牛的是妳的好桃花好情人，一直都在幫妳。妳因為家人太關心妳，怕妳結婚不幸福，還有怕人是為了妳的錢來的，這一世沒結婚。

第三世：妳是男生，這一世妳是生意人，很會賺錢，也很勞碌跑來跑去，屬羊的是妳這世的生意夥伴，也一直對妳有意見，跟妳算計妳的錢。屬牛的兒子，是妳出外經商，認識的好太太，一直助妳賺錢結來的好緣，妳到哪裡跟妳到哪裡，照顧妳又幫妳持好家。

第四世：妳是男生，妳因為前世忙著賺錢，忘了做功德佈施，所以這世比較辛苦，屬羊的是妳太太，很會跟妳吵跟妳計較，屬牛的也是妳這世的小孩，跟妳還是結善緣。這世妳還是要圓滿家人，就這樣過一生。

第五世：就是現在這一世，妳會有錢，但夫妻間就是要圓滿。兒子結婚和生完小孩，就會跟妳比較有相處的機會，但是婚前都是聚少離多的。那妳自己想想要如何圓滿這世，還會不會再來輪迴，妳好像還是沒和屬羊的前夫圓滿喔！他已經往生了。

案例十二

太陽 丁巳 命	破軍 祿 紅鸞 戊午 父	天機 己未 福	紫微 天府 天刑 庚申 田
武曲 忌 沖 丙辰			太陰 科 辛酉 官
天同 左輔 乙卯 夫			貪狼 忌 壬戌 友
七殺 文昌 甲寅 子	天梁 華蓋 乙丑 財	廉貞 天相 天喜 文曲 甲子 疾	巨門 權 右弼 癸亥 遷

問：我想知道與家人的相處和因果？

案例十二

詢問者相關人對象：女友：兔 10.12.11

原始是生為人，因為修得不錯而飛升上天上，屬兔是神明底下的仙女，因為是在帶你修行和學習的，可是卻產生感情，害你們都被打下人間來學習。你來人間五世了。

第一世：你是男生，是個生意人，常常有人找你合夥，屬兔的女友這世是你的情人，感情很好也幫你做生意賺很多錢，你因為腦筋轉得很快很聰明，算計很多客人，有點造了很多業障，所以你很犯小人，兄弟朋友也很會跟你算。你這世沒結婚，因為屬兔的情人就跟你很合很幫你，忙於事業也就想說不結婚也沒差。所以你要圓滿兄弟朋友間因為做生意造成的業障，因為你做事遇到的兄弟朋友都很會算計你。

第二世：這世你也是男生，你因為前世沒積福報功德，所以這世過得很辛苦，屬兔的是你的妹妹，你都賺不到錢，過得很累，後來乾脆去出家修行，所以你很敏感很容易卡喔！就這樣過一輩子。

第三世：你是男生，因為上輩子出家修行做很多功德，所以這世出生有錢人家，自己也很會賺錢。屬兔的是你的太太，但是身為古時候的童養媳，就是年紀很大的，所以你的什麼事都在幫她照顧她，很辛苦很累喔！但她很早就過世，長大後你就有交過四位桃花，但就都沒結婚。

第四世：你也是男生，但你是武將，常常上戰場殺人，而且都是砍頭所以你這世的喉嚨毛病很多，要多積福報懺悔。這世因為常常出去作戰，所以就沒結婚，好像也沒和屬兔的碰面。

第五世：就是現在這世，你會有錢，但要結合宗教，不然也要多佈施做功德，因為前世的殺生業太多太重，如果做生意會有很多小人阻礙，不會很順喔！這世注定要有兩次婚姻才能圓滿。

案例十三

巨門 子 乙巳	廉貞 天相 夫 丙午	天梁 祿 紅鸞 兄 丁未	七殺 命 戊申
貪狼 忌 沖 華蓋 文曲 右弼 右弼 財 甲辰		壬申年七月九日 子時	天同 父 己酉
天刑 太陰 疾 癸卯	土五局		武曲 忌 科 文昌 左輔 福 庚戌
紫微 權 天府 陰煞 遷 壬寅	天機 天喜 友 癸丑	破軍 官 壬子	太陽 田 辛亥

問：我想知道夫妻間的相處，與如何教養小孩？

案例十三

詢問者相關人對象：先生：龍 小孩：鼠，虎，馬，龍 9.7.9

原始是女神明底下的仙女，因為妳是比較年長的仙女，所以都在管理協調仙女們的事情，就造成妳常犯很多口舌是非，還有妳屬龍的先生，跟妳因為公事上必須常相處而產生感情，被發現就告到神明處，你們就一起被打下人間學習，妳來人間六世了。

第一世：妳是女生，家境還不錯，家人對妳很好很疼妳，妳有結婚就是嫁屬龍的，妳能力很好，妳先生很依賴妳，什麼事都聽妳的，讓妳覺得很煩，有時妳覺得他都賺不夠很煩惱，妳娘家的人覺得妳先生很好，又擔心妳經濟問題，常常資助妳們。

第二世：妳是女生，出生書香世家，也是嫁給屬龍的先生，妳生了這世的四個小孩，這一世先生很會賺錢，他前世欠妳的，一直對妳很好給妳錢。有時為了賺錢，常常出外。妳因為帶四個小孩，還是都會唸他，對他有所抱怨。他都默默地不敢回妳，因為他覺得常常在外，沒能好好幫妳而愧疚。

第三世：妳是男生，妳是位書生有在教書，妳賺錢都拿去寺廟做佈施，這一世妳也沒結婚，因為妳屬龍的先生也是男生，他很早就入宗教，所以他也沒結婚，但好像變好朋友，這一世就這樣過了。

第四世：妳是男生，妳出生的家沒錢，妳因為身體不是很好，常常生病。後來遇到屬龍的太太，就互相很喜歡，他家這一世還蠻有錢的，妳們因為互相愛慕到連他家人都說叫妳入贅他家妳都願意，後來結婚後，妳才知道入贅的辛苦和委屈，但已經沒辦法改變了。這一世妳要和他家人和他圓滿。

第五世：妳是男生，妳有在修行，後來遇上屬龍的先生，他也是男生，就變成很好的朋友。然後妳就常常找他投資，結果居然都賠錢，造成妳有欠他，妳也把妳家人留給你的遺產，都投資失利賠光，也造成妳欠妳家人的債。最後妳在寺廟度過餘生。

第六世：就是現在這一世，妳自己應該知道妳要圓滿什麼了。

案例十四

武曲 破軍 疾 辛巳	太陽 財 壬午	天府 華蓋 子 癸未	天機 祿 太陰 忌 夫 甲申
天同 右弼 紅鸞 遷 庚辰	乙亥年七月十六日 戌時		紫微 科 貪狼 兄 乙酉
天刑 友 己卯	土五局		巨門 左輔 天喜 命 丙戌
文曲 忌 沖 陰煞 官 戊寅	廉貞 七殺 田 己丑	天梁 權 文昌 福 戊子	天相 父 丁亥

問：這一世，工作上都雜事很多，不管如何處理？都處理不完，因為還沒結婚，現在有一對象屬羊的，想說結婚好嗎？

案例十四

詢問者相關人對象友：羊　12.19.16

原始是神明底下的將士，專門幫神明傳遞東西和傳訊息出去，常常跑來跑去，有時還要管理教育團體，有領導能力但太愛面子，造成辦理一些事有點礙手礙腳，類似姿態較高，與團體有些格格不入被排擠。屬羊的在天上是你的上司，你很喜歡她，甚至產生感情，因此你要圓滿兄弟朋友（眾生），學習如何和大家溝通協調，與對屬羊的產生的感情，如何轉化，這應該是你來人間需要學習的，所以你在天上時，就很不會處理感情的事，造成來人間還是不知如何化解，你來人間五世了！」

第一世：你是男生，你有出家或是居士之類的。人緣很好，常常跑來跑去去弘法，處理宗教方面的事務，你這世外語能力很好，都幫寺廟去和外國人溝通。一輩子忙於這些事，也沒有結婚。屬羊的這世有出家，也當你的住持或當家的，你就幫她處理很多對外的事。甚至很喜歡煮些美食討好她，每天看到她就很開心，一樣延續在天上的方式，也不知如何和她更進一步？或如何圓滿。

第二世：你是男生，你做生意很有能力，但你與屬羊的碰面時，她是你的祕書幫你賺很多錢，相處久了產生感情，但礙於結婚了，所以你們應該是走地下情。你這世遇到的兄弟朋友心機都很重，你又很幫兄弟朋友，所以常被算計。

第三世：也是男生，這世很勞碌辛苦，因為前世賺很多錢，沒做佈施和補功德，你常出外去打拼，你家人也多少贊助你的錢，所以你爸才會沒錢找你要。屬羊的是你出外認識的桃花，這世沒結婚只是同居。

第四世：這世你是男生，你有修行，因為財運一直不好就長期住在寺廟幫忙，也常常幫寺廟對外處理很多事，與團體間也是很不協調處不好，這世都是兄弟朋友和團體組員的問題，你要圓滿。

第五世：就是現在這世，你要幫很多兄弟朋友圓滿事情，還有感情方面要有智慧走出來，這世應該不會結婚的機率很高，頂多是找個伴，還要不要再來輪迴就看你自己如何圓滿了。

案例十五

天梁 科 己巳 田	七殺 庚午 官	癸酉 友	廉貞 壬申 遷
紫微 天相 紅鸞 文曲 左輔 忌 戊辰 福	己亥年一月十八日 子時		天刑 癸酉 疾
天機 巨門 丁卯 夫	火六局		破軍 文昌 天喜 右弼 忌 沖 甲戌 財
貪狼 陰煞 權 丙寅 命	太陽 太陰 丁丑 兄	武曲 天府 祿 丙子 夫	天同 乙亥 子

問：我為何工作上口舌是非多，夫妻間的相處，也出現代溝，真想離婚好了。

案例十五

詢問者相關人對象 先生：豬 父：猴 母：豬 36.13.48

原始是神明（觀世音）底下的仙女，妳在仙女群中相處不好，口舌是非很多，應該是妳有時候，口才不好，造成誤解。妳因為和屬豬的常常共事，產生感情，被仙女發現，告訴神明（觀世音），屬猴的爸爸是妳在天上的老師，跟妳被打下來教妳和保護妳的。媽媽屬豬的，是同仙班的好姊妹，也是來幫妳的，互結善緣，然後被打下來人間學習！妳來人間六世！

第一世：妳是女生，長得很漂亮，但有點愛慕虛榮，桃花很多，妳有時會因此敲他們的財，妳先生屬豬，就是妳這一世的桃花，感情最好，後來有結婚，但也沒生小孩。這世兄弟朋友也覺得妳會計較，也就常常龜毛妳，或對妳有意見。妳爸爸屬猴的，都會和妳談工作如何做，很關心妳，妳媽媽是關心妳到很會唸妳。

第二世：妳是女生，這一世妳很辛苦勞碌，妳有結婚也是跟屬豬的，妳很鐵齒不信宗教，反而屬豬的一開始就有信宗教，所以他比較好命想法也天真，妳比較操勞，但妳因為勞碌下來後身體很不健康，後來妳也信了，就跟屬豬的常去廟裡唸經修行，妳媽看妳這世很辛苦，都會偷塞錢給妳，妳和妳先生沒生小孩。

第三世：妳是男生，因前世有修行，這一世賺很多錢，妳很執著在賺錢上面，努力賺錢，也有幾段桃花，跟屬豬的最好，但因為妳忙著賺錢，又很勞碌，所以和屬豬只有同居，這一世也這樣錯過生小孩。這世算沒有圓滿，不管和人或事的處理，因為妳太專注於賺錢和事業而已！

第四世：妳是男生，因出生富貴之家，妳也有錢，變成妳很像花花公子，很愛玩又很愛享受，兄弟朋友看妳有錢，都愛找妳出去花錢和玩樂。搞到晚年妳也沒錢了，只好去廟裡住，順便修行。這一世妳沒結婚，屬豬的和妳是好朋友，也合夥做生意，最後他也跟妳去廟裡修行，他是妳這世的朋友中唯一有助妳的朋友。

第五世：妳是女生，但妳前世有把福報用完，這世很辛苦，是當老師，卻要到處跑到處教的老師。妳先生也是老師，都跟著妳到處跑，因為這樣妳們有結婚，也沒生小孩。這一世妳父母也是屬猴和屬豬的，都盡心盡力幫妳顧好家，所以妳等於欠他們，下一世也會對他們很好很付出。

第六世：就是現在這世，妳很會要求妳先生要賺多少錢？？但他的個性又很隨緣天真，妳都覺得他為何都做不好？至於生小孩應該是隨緣，緣分很薄，可能不會生。這就看妳如何釋懷，和用智慧走出來？妳應該是可以圓滿不要再來輪迴了。

案例十六

天府 右弼 福 癸巳	天同 祿 太陰 田 甲午	武曲 貪狼 官 乙未	太陽 巨門 友 丙申
文曲 華蓋 父 壬辰	丙子年二月二十二日 子時 木三局		天相 忌 沖 右弼 天喜 遷 丁酉
廉貞 忌 破軍 紅鸞 命 辛卯			天機 權 科 友 天梁 天刑 文昌 戊戌
兄 庚寅	夫 辛丑	陰煞 庚子	紫微 七殺 財 己亥

問：我常會遇到莫名其妙的事和莫名的不舒服，自己都會覺得快死了？覺得生活為何過得那樣累？

案例十六

詢問者相關人 先生：馬 女兒：豬 劉先生：狗 13.14.22

原始是在神佛底下的弟子，專門在處理亡魂靈界的事情，所以妳的體質敏感，甚至看得到無形的。這世先生屬馬的就是處理過的一位亡魂，他因為沒錢安葬，妳義務幫他處理結來的緣，屬狗的先生是神佛下的弟子，專門在處理道場上的雜物修理之類的，然後你們因為常常互動而結緣。女兒也是妳超渡的亡魂之一，她很有個性，看錢很重，她讓妳很難度結來的緣。這些都是妳要來人間學習的和相處的人，妳來人間八世了。

第一世：妳是女生，人緣很好，很勤勞，每天趴趴走，對兄弟朋友很好很幫忙。

也很會盤算和操勞的。這世屬狗的就是妳老公，你們兩人都超愛賺錢的，每天都忙著賺錢，聚少離多。屬狗的在外就有外遇，但他還是很愛妳，都沒讓妳發現，所以他對妳也很愧疚，一直給妳錢養家，對妳很好。這一世妳們沒生小孩，因為聚少離多。

第二世：妳是女生，在青樓上班就是現在的酒店，很會賺錢但也很會花，很愛玩很愛享受，感情不順就沒結婚。也常常卡到，這世遇到的兄弟朋友很會騙妳的錢，所以妳不太相信兄弟朋友。妳屬馬的先生，這世是妳的男朋友，有交往過，後來不合就分手了。晚年因為沒錢也沒結婚在寺廟修行度過。

第三世：妳是女生，屬馬的和妳也是情侶而已，妳有幫他生了一位女兒，後來你們溝通還是不合就分手了，妳這世交了三個桃花，感情都不是很順，妳就獨力扶養女兒長大，這世妳女兒很孝順，賺很多錢養妳，造成這世妳要為她花錢，她也看錢很重，妳這世與家人很無緣，他們也沒幫妳什麼。

第四世：妳是男生，屬狗的先生是妳的老婆，你們相處很好，他很賢內助的幫妳持家，妳也有賺錢養家，結來這世的善緣，照理講這世會給妳錢，對妳好離不開妳。

第五世：妳是男生，屬狗的也是男生，這世跟妳是很好的朋友，你們互相合作工作賺錢，賺很多錢，而且你們做事還蠻合的，妳沒結婚，一輩子就工作賺錢，或跟屬狗的到處去玩。

第六世：妳是女生，有出家，但學習不好，修得不好，有動了情喜歡上屬狗的，後來就還俗，結果也無法適應俗世生活，這世過得很辛苦。

第七世：妳是男生，屬狗的是女生，是妳這世的太太，妳很花心在外，常常亂交女生，很愛玩，但屬狗的太太，還是默默幫妳持家，但後來受不了妳個性不改，就把妳的錢都捲走，害妳後半輩子過得很辛苦，但是妳自己太愛玩了，妳不珍惜他，所以這世他對妳一開始是很吝嗇的，不相信妳不給妳錢，但時間到他還是要給妳，他要還妳喔！

第八世：就是這世，看妳要如何圓滿喔？要回天上或是繼續輪迴，看妳如何用智慧走出來？

案例十七

天喜 辛巳	天機 左輔 壬午 子	紫微 破軍 癸未 夫	右弼 忌 沖 甲申 兄
太陽 祿 庚辰 疾	庚辰年三月十二日未時		天府 乙酉 命
武曲 權 七殺 文昌 己卯 遷	水二局		太陰 陰煞 科 丙戌 父
天同 天梁 忌 戊寅 友	天相 己丑 官	巨門 戊子 田	廉貞 貪狼 紅鸞 文曲 天刑 丁亥 福

問：我因婚姻不美滿而離婚，離婚後也遇不到好的對象，我想知道我會不會孤獨到老？

案例十七

詢問者相關人對象 父母：龍 弟：猴 17.15.12

原始是神明底下的仙女，很會亂想很愛漂亮，慾望比較多，又動了感情，還動了三段感情，事情都無心做好，所以被打下人間學習，妳來人間七世了。

第一世：妳是男生，有當地方小官，除了貪污賄賂以外，看到喜歡的女生，不管是否有家庭的，都想辦法要追到手，造了很多業障。收了賄賂就把事情誤判，家人對妳還不錯，百般幫助，甚至有錢都幫妳，所以妳也欠家人的，他們有事也很喜歡找妳。妳弟屬猴就是對妳賄賂，把他的官司擺平沒事，妳跟他收錢，也造了業障。

第二世：妳是男生，妳因前世所造的業障，過得很辛苦。拼命賺錢養家，感情不順，喜歡妳的，都是為了錢，看妳沒錢了就不理你。屬猴的弟弟這世是妳的家人，很無所事事，沒錢都找妳要。妳父母還是妳父母，有事缺錢也都找妳。這世妳父母有在佈施做功德，還幫妳做，所以還是對妳很好很依賴。

第三世：妳是男生，年輕因為前世父母有幫妳做功德，所以還有福報有賺錢，娶了一位老婆，剛開始妳有錢，還幫妳生了一位兒子，後來妳因為很花心，交了好幾個女友，福報用盡，財運越來越差，妳老婆也有小王，就和妳離婚把兒子帶走。

第四世：妳是男生，這一世更辛苦，因為前世福報用完，到處問神求神明幫妳，甚至還對神明說了很多沒做到的承諾，有的還被斂財，這世遇到的桃花也都會破妳的財，就只是為了妳的錢跟妳在一起的。就這樣渾渾噩噩的過一生。

第五世：妳是女生，長得還不錯，但家境清寒沒錢，家人更是依賴妳賺錢養家，妳只好去青樓就是現在的酒店上班，桃花很多，妳又對人騙財騙色，造了很多業障，這世死於意外之災！

第六世：妳是男生，妳因為一直都賺不到錢，感情也不順，到處問神，後來也會靈動就當乩童辦事，當然也有些是騙財騙色的，就這樣荒唐過一生。

第七世：就是現在這世，感情、財運都不順，還有家人有事都喜歡找妳，所以妳知道妳很多事要圓滿的，要用智慧走出來，尤其感情是妳的致命傷，自己要好好思考，下輩子才不會再辛苦過日了。

案例十八

天同 子 癸巳	武曲 天喜 天府 夫 甲午	太陽 權 太陰 華蓋 兄 乙未	貪狼 命 丙申
破軍 科 忌 沖 文曲 右弼 財 壬辰	辛卯年七月二十六日 子時		天機 巨門 祿 父 丁酉
天刑 疾 辛卯	火六局		紫微 左輔 天相 文昌 忌 福 戊戌
廉貞 陰煞 遷 庚寅	友 辛丑	七殺 紅鸞 官 庚子	天梁 田 己亥

問：我還沒結婚，現在有男友屬鼠的，是否是正緣，結婚會幸福嗎？

案例十八

詢問者相關人對象 男友：屬鼠 28.19.26

原始是神明下面的仙女，妳男友屬鼠是神明底下的兵將，你們因為產生感情而被打下人間學習，妳在幫神明處理事情方面，因為很直，常犯口舌是非，不夠圓滑，所以也要來人間學習。妳來人間六世了！

第一世：妳是女生，妳是當老師的，都很認真教學生，對學生很好，可是學生不領情，讓妳很煩惱，妳這世也長得很漂亮，有很多追求者，其中一位就是屬鼠的這世的男友，但他這世財運很差，妳跟他在一起很辛苦，所以妳們一直沒結婚。

第二世：妳是女生，有在幫神明通靈辦事，妳很敏感，甚至感應得到靈界眾生。修得還不錯，這世屬鼠的就是妳的先生，也很幫妳，包括辦事以外的事情，就這樣互相幫忙一輩子。所以屬鼠的應該也是敏感體質！這世兩人沒生小孩。

第三世：這世是男生，因為前世有修，很有福報，所以生在富貴之家！結果這世的兄弟朋友就很會騙妳錢。因為生活無憂無慮，妳就很愛玩，結交很多兄弟朋友和女友，欠了一些桃花債，影響這世要圓滿感情債。

第四世：這世是女生，很愛玩又人緣很好，離一次結了兩次婚，每離一次先生就給很多錢，這世是要妳學習圓滿感情，結果好像還是造了因，屬鼠的這世也有跟妳碰面，但只是曾經是情人而已，這世沒和他結婚。

第五世：這世是男生，到處跑甚至跑很遠到國外去，做貿易的很會賺錢，有結婚但因為長期在外國，有一位小三，有賺錢也到處買屋，至少有五間房子，就是經商，這樣過了一輩子，所以學外語還蠻快的。

第六世：就是現在這世，要圓滿感情和兄弟朋友間的相處，很勞碌常在外奔跑而且都跑很遠。要不要再來輪迴，看妳這世如何圓滿了。

案例十九

<table>
<tr>
<td>武曲
破軍
文曲
子
乙巳</td>
<td>太陽
夫
丙午</td>
<td>天府
兄
丁未</td>
<td>天機
天喜
科
太陰
祿
命
戊申</td>
</tr>
<tr>
<td>天同
權
財
天刑
忌
沖
甲辰</td>
<td colspan="2" rowspan="2">丁丑年八月十六日 丑時
木三局</td>
<td>紫微
貪狼
文昌
父
己酉</td>
</tr>
<tr>
<td>右弼
疾
癸卯</td>
<td>巨門
科
福
庚戌</td>
</tr>
<tr>
<td>紅鸞
遷
壬寅</td>
<td>廉貞
七殺
華蓋
友
癸丑</td>
<td>天梁
陰煞
官
壬子</td>
<td>天相
左輔
田
辛亥</td>
</tr>
</table>

問：我工作上如何努力都會出錯，人際關係與家人相處也都處得不好？

案例十九

詢問者相關人對象 媽媽：龍 14.20.16

原始是神明（千手千眼觀世音）底下的仙女，個性很執著很有佔有慾，和別的武將產生感情，妳什麼事都做不好，又因為個性問題，得罪別的仙女，就被陷害做錯事，所以被打下人間學習，妳來人間五世了！

第一世：妳是女生，妳延續在天上的個性，很好強又佔有慾強，妳自認為自己很厲害，就亂投資但都賠錢，妳有結婚，先生對妳很好，錢都給妳讓你管理。妳心情不好，就亂花錢或亂投資，一直沒存什麼錢。妳還怪先生賺太少，不高興就和先生離婚。

第二世：妳是男生，妳是當官的，妳有接受賄賂，造了一些業障，妳有娶老婆，但很早就意外死亡，後來妳又有同居人。妳和家人很不和，妳這世的媽媽屬龍，就是妳的同居人，妳一開始對她很好，都給她錢，但你們兩人個性其實是不合的，因為年紀有差，後來她把妳的錢都捲走，離開妳，所以妳對她（這一世是妳媽）很有意見，喜歡與她背道而馳，她要妳往東，妳偏要往西，也很不相信她。

第三世：妳是男生，妳有結婚，很在意妳老婆，對她很好，把錢都給她，老婆也很依賴妳！妳因為累世沒積福報，這一世賺錢很辛苦，後來也都賺不到錢了，所以也不敢生小孩，晚年沒地方住了，還好有廟宇要收留你們，你們夫妻就去寺廟住，順便在那裡修行做功德。

第四世：妳是男生，很辛苦到處跑，為了賺錢，因為生活不是很穩定，也不敢娶老婆，桃花有好幾個，至少有四個。晚期什麼都沒有，也是去寺廟住，為自己所造惡業懺悔，多少做些修行和功德彌補。

第五世：就是現在這一世，會有錢，是因為妳前世多少有累積福報。但感情不順，那是你累世的感情，都不是很好，所以不能再太自我意識強，對感情也不能太執著，最好是對感情看淡，做好自己人生規劃，才不會為感情所困，最好多做佈施功德，讓自己這一世的福報更好，轉好自己的感情和運勢，還要圓滿家人，不管如何?家人還是妳最好的依靠。

案例二十

<table>
<tr><td>天同 紅鸞
乙巳 友</td><td>武曲 忌 天府 文曲
丙午 遷</td><td>太陽 太陰
丁未 疾</td><td>貪狼 文昌
戊申 財</td></tr>
<tr><td>破軍 科 左輔
甲辰 官</td><td colspan="2" rowspan="2">壬戌年一月二十七日 寅時
木三局</td><td>天機 巨門 天刑
己酉 子</td></tr>
<tr><td>癸卯 田</td><td>紫微 權 天相 右弼 華蓋
庚戌 夫</td></tr>
<tr><td>廉貞 陰煞
壬寅 福</td><td>癸丑 父</td><td>七殺 忌 沖
壬子 命</td><td>天梁 祿 天喜
辛亥 兄</td></tr>
</table>

問：與家人的相處，到底要如何圓滿？

案例二十

詢問者相關人對象 父：猴 母：雞 妹：兔 弟：狗

子：蛇 59.85.27

原始在天上是神佛身邊的老師，也常常在教育仙班們，屬蛇的是妳在天上的學生，後來日久生情，然後在教育學生方面，又犯口舌是非多，教不好大家，對妳意見很多，屬兔的妹妹和屬狗的弟弟，都是妳的學生，妳在天上沒教好他們，所以這世要好好圓滿，因此被打下來人間學習，妳來人間七世了！

第一世：妳是女生，很會理財企劃，都幫家人的忙，為了家人，尤其是幫妳這世的爸屬猴的經營生意，專門管帳的，因此錯過結婚，但是有一情人，就是這世的兒子屬蛇的。曾經因為溝通不良而想離家，因為爸爸屬猴的，在工作上很會龜毛妳。這世妳是沒結婚的，很關心操勞家中的事，雖然和爸爸有溝通不良，但其實爸爸，也是很肯定妳的付出，很依賴妳的。

第二世：妳是男生，妳有出家修行，當到寺廟裡的當家師，就是住持下來第兩位領導者，專門教導比丘尼和比丘，延續在天上的事，也沒辦法完全教好，有的對妳很有意見，這世妳也沒結婚，一輩子從事宗教事業，妳這世的家人，包括兒子，都是有佈施給妳，算結善緣。

第三世：妳是女生，生在富貴之家，有嬌嬌女、富家千金的脾氣，很龜毛所以沒結婚。這一世的兄弟朋友，都是為了妳有錢，而和妳在一起，所以妳後來都會挑朋友交往，不相信感情和朋友，就這樣和父母過一生。屬兔的妹妹，是妳的好朋友，但會很龜毛，會要求妳。

第四世：也是女生，因為前世沒做功德福報，所以過得比較辛苦，尤其要賺一筆錢就引發很多口舌是非，因此妳常為了賺錢，有對人說謊設計，因此妳有時會被朋友偷錢和騙錢，或錢會莫名的不見。

第五世：妳是男生，這世是當官的，妳有貪汙，還常上青樓應酬，也就是現在的酒店交女朋友，這世有三個老婆和八個位女友。一直很享受貪玩，造了很多業障。所以影響這世常常遇到爛桃花。

第六世：妳是女生，但前幾世都沒做功德福報，這一世過得很辛苦勞碌，都在外地工作賺錢，長年不在家，有交男朋友，但後來是沒結婚的，因為沒錢也遇不到好的男人，就這樣過了一生。

第七世：妳是男生，更辛苦跑很遠，都在國外工作賺錢，有娶太太但因長年妳都在國外，聚少離多，居然偷吃，有小王有外遇，後來就跟妳離婚，所以妳有點恐婚症喔！晚年有交一年紀少十歲的女生陪妳到老，應該是妳這世的兒子屬蛇的。晚年妳有佈施做功德還做蠻多的，所以來世也是生在富貴之家。

第八世：就是這世，會很有錢，是因為妳前世有做很多功德佈施，但婚姻會來得比較慢，因要還累世的桃花債，但是會找到一位還不錯的另一半，至於是否要輪迴或圓滿回天上，就看妳這世如何有智慧地走出來了。

案例二十一

廉貞 貪狼 祿 己巳 子	巨門 文曲 庚午 夫	天相 紅鸞 辛未 兄	天梁 天同 文昌 壬申 命
太陰 華蓋 忌 沖 左輔 戊辰 財	甲申年一月九日 午時		武曲 七殺 科 天刑 癸酉 父
天府 丁卯 疾	金四局		太陽 右弼 科 甲戌 福
陰煞 丙寅 遷	紫微 破軍 權 天喜 丁丑 田	天機 丙子 官	乙亥 田

問：我對家人很努力付出，但得不到認同就算了，還有很多意見要處理。

案例二十一

詢問者相關人對象 先生：狗 大女兒：猴 小女兒：馬 21.73.9

原始是神明底下的將士，脾氣不好，屬狗的先生是仙女，你們動了情。還有妳脾氣很不好，因為脾氣關係，做了一些錯事。屬狗的先生也脾氣不好，但有助妳財運，也很會算和計較。妳二女兒在天上是小仙女，都在幫你們兩人關係做協調，和你們是善緣，你們都很疼她。你們因此被打下人間學習，妳來人間九世了！

第一世：妳是男生，出生富貴之家，像公子哥兒，很愛玩樂，交了好幾個桃花，屬狗的是妳其中一個，妳對他最好，後來有娶他當老婆。生了三位女兒，妳對屬狗的最好，因為妳這世都很愛玩，比較沒照顧他們，所以小孩跟屬狗的緣深。

第二世：妳是女生，屬狗的這世是妳先生，妳有在當職業媒婆，促成很多對新人，算是做功德，所以先生財運也很好，就這樣美滿過一生。

第三世：妳是男生，因為出生家庭沒錢，小時候就被棄養，後來被人送進寺廟養大，這一世就是出家過一生。

第四世：妳是女生，因為前世有修行，所以這世出生富貴人家，長得漂亮但脾氣很龜毛，屬狗的是妳先生，他是當官的，他脾氣也不好，妳們兩人常常吵架，因為妳先生，多少有貪汙收賄賂，造成你們有錢，但夫妻感情不好。兩位女兒這世都是妳女兒，大女兒脾氣不好，跟你們夫妻都不和，很早就離家出走，小女兒累世有修，這世常常做妳們夫妻的協調者，跟你們互動較好。

第五世：妳是女生，妳是幫神明處理事情，會通靈辦事，應該是要來了結妳這世的先生前世當官，因為貪汙收賄賂而造的業障，所以都在幫眾生處理事情，做功德，但這世的桃花都對妳很好給妳錢，因為妳有在修，妳這世沒結婚。

第六世：妳是男生，這世換妳當官，屬狗的也是妳太太，還好妳沒貪汙收賄賂，因為前世妳有做佈施功德，所以妳這世很有錢，就是兄弟朋友都不好，只想跟妳借錢或設計妳的錢。

第七世：妳是男生，妳又出生富貴人家，但這世不敢再當公子哥兒，屬狗的是妳太太，很賢妻良母，妳也很顧家，這一世算很圓滿，只是兄弟朋友也很自私無情，想利用妳，但妳不為所動。

第八世：妳是男生，很有錢很會賺錢，屬狗還是妳太太，但他這一世很會算，很會計較，你們常為了錢吵架，屬猴的大女兒，跟你們不和，早早就出門離家，屬馬的二女兒又常常在幫你們做協調，你們就這樣過一生。

第九世：就是現在這世，你們會有錢，這世應該是和先生與兄弟朋友做圓滿！還有小孩，尤其是大女兒，如何放下心結？小女兒是來結善緣，因為有她，你們夫妻感情會更好。要不要繼續輪迴，就看你們如何圓滿了。

案例二十二

天相 右弼 乙巳 友	天梁 丙午 遷	廉貞 七殺 丁未 疾	天喜 戊申 財
巨門 忌 陰煞 甲辰 官	丁丑年六月六日 未時		左輔 己酉 子
紫微 貪狼 文昌 癸卯 田	木三局		天同 權 忌 沖 庚戌 夫
天機 紅鸞 科 太陰 天刑 祿 壬寅 福	天府 華蓋 癸丑 父	太陽 壬子 命	武曲 破軍 文曲 辛亥 兄

問：每個工作都讓我勞心勞力，連想交往一位好女友，也遇不到，都遇到爛桃花？

案例二十二

詢問者相關人對象 姊：狗 14.78.96

原始是神明來轉世，因為處理弟子和仙女們的事沒處理好，還被他們詛咒，還有弟子當中有人喜歡你，你拒絕得方式不對，被她懷恨，和信徒的問題也沒處理好，被打下人間學習，你來人間三世了。

第一世：你是男生，屬狗的姊姊，跟你在工作上很有默契，又是很有話聊的好朋友，這世你遇到的兄弟朋友，都是來設計和破你財的，你也是當官的，但職務是到處跑的，所以沒有結婚，你都在幫兄弟朋友，可是方法不對，都傷到自己。你也很照顧家人，孝順父母，努力賺錢都給家人，就這樣過了一生。

第二世：你是男生，延續在天上要圓滿的事，你都在幫兄弟朋友的忙，也是很勞碌的到處跑，這世還是沒結婚，有桃花追你，但都是心機很重的，你不喜歡。這世屬狗的姊姊是你的弟弟，但跟你感情很好，你們互相照顧結善緣，你媽媽屬鼠的也是你媽媽，很照顧你疼你，你這世因為長期在外奔波，疏於照顧父母，所以下一世應該是來還家人的債。

第三世：就是現在這世，你也不想結婚，跟家人互動很好，應該喜歡過簡單的生活，對兄弟朋友，能幫就幫，你也被騙怕了。好好圓滿，應該也可以不再來輪迴了，因為你累世也沒造很大的業障。

案例二十三

廉貞 貪狼 辛巳 父	巨門 文昌 壬午 福	天相 癸未 田	天同 忌 天梁 文曲 甲申 官
太陰 科 右弼 庚辰 命	庚午年七月三日 辰時		武曲 權 七殺 紅鸞 乙酉 友
天府 天喜 天刑 己卯	金四局		太陽 祿 華蓋 左輔 丙戌 遷
陰煞 忌 沖 戊寅 夫	紫微 破軍 己丑 子	天機 戊子 財	丁亥 疾

問：我對家庭很努力付出了，但還是有很多問題，家人相處間也出現代溝，也修補不了。

案例二十三

詢問者相關人對象 先生：雞 兒子：馬 7.7.3

原始是男的神明下的仙女，專門管財務和文書的，妳很龜毛和要求完美，造成很多人對妳有意見，妳很健忘，所以有些事沒處理好，妳先生屬雞的也是男神明下的武將，你們互相產生感情，妳兒子屬馬，在天上是妳的弟子，修得還不錯是善緣！你們一起被打下人間學習。妳來人間四世了。

第一世：妳是女生，妳和妳先生屬雞的，這一世也是夫妻，你們感情很好，也是延續在天上的個性，很龜毛，要求完美，妳兒子也是你們的小孩，他能力很好，也很孝順你們，很會賺錢，也有在修，還會累積福報，只是很忙，和你們是聚少離多。

妳先生這一世是當武官的，很正直清廉，所以你們是很美滿的家庭，也沒造什麼業障。

第二世：妳是男生，妳當官的，妳先生是妳身旁的武將，他很幫妳，妳也很幫他，結來的善緣。妳兒子屬馬的是妳這一世的老婆，很會跟妳撒嬌，但也是結善緣，很守本分做賢妻，這一世妳沒生小孩。

第三世：妳是女生，和屬雞的先生這一世也是很恩愛的夫妻，妳先生也是當官的，但常常到處跑的，聚少離多，妳很顧家持家，妳兒子屬馬的，這世居然是妳先生在外的小三，但是到老，妳一直不知道，老年妳先生還回歸家庭，所以妳兒子，也很會對妳先生撒嬌。

第四世：就是現在這世，你們會很有錢，就是夫妻會聚少離多，兒子以後也會有很大成就，對你們很孝順，因為你們累世並沒有造什麼業障，就是對感情和親情還放不下，如果有智慧走出來，應該也可以不用再來輪迴了。

案例二十四

天梁 右弼 癸巳　父	七殺 甲午　福	天喜 文昌 科 文曲 乙未　田	廉貞 丙申　官
紫微 天相 陰煞 壬辰　命	丙寅年六月七日　卯時		左輔 丁酉　友
天機 權 巨門 辛卯　兄	木三局		破軍 華蓋 戊戌　遷
貪狼 忌 沖 天刑 庚寅　夫	太陽 太陰 紅鸞 辛丑　子	武曲 天府 庚子　財	天同 祿 己亥　疾

問：我有交一個男友，常常吵架，想要分手又分不掉，我想知道我們的因果，到底要如何走下去？

案例二十四

詢問者相關人對象 男友：蛇 3.6.7

原始是神佛身邊的總務，管很多事情，就是管不好裡面的人，而被打下人間學習。現在的屬蛇男友，是妳的夥伴，但你們產生感情，又常意見不合，互相又有助財運，所以來人間學習溝通成長，妳來人間七世了。

第一世：妳是男生，這世是當官，是地方小官，延續在天上的個性，有點主觀意識強，很會幫人、管人，很雞婆，就是不會理財，很慷慨，很會漏財，這世是男生娶了兩個老婆：妳這世屬蛇的男友是第二個老婆，他很會撒嬌妳、很疼她，但也常有口角。

第二世：很有錢，是男生，是做生意的，到處跑來跑去，賺很多錢，很會說很會跑，這一世有結婚，但後來離婚，因為聚少離多，老婆愛上別人有外遇，就跟妳離婚，所以妳有婚姻恐懼症，是這一世的因。

第三世：妳是女生，也很有錢，但是是青樓女子，因為家裡沒錢，妳的酒量又很好，就去上班，這世的桃花因為妳前世有積一些福報，所以妳財運好，桃花都會給妳錢。妳對家人和兄弟朋友都很好，都會給他們錢，幫助他們，這世妳和一些兄弟朋友結好緣喔！可是桃花他們，對妳好，給妳錢的，以後可能要還。

第四世：也很有錢，但有些愛玩和享受，很忙碌的把錢亂花。不過還懂得佈施積福報，這世也是男生，老婆年紀小也很愛玩，所以很會管妳，因為妳也有錢，就是像花花公子也很會花，這世妳被老婆管怕了，所以妳很不愛結婚和被人管。

第五世：也是男生，但財運很差，不過家裡有錢，大部分由家人資助，所以這世又造了欠家人的債。這世有娶老婆，應該是屬蛇的男友，他這世對妳任勞任怨的做喔！很辛苦的。

第六世：有錢但又造了很多桃花債，不想結婚，因為會擺不平。這世很重視事業，但忽略與家人相處。因為也太愛玩了，沒積福報，晚期有點落魄。

第七世：就是這世，要圓滿家人和感情，要好好修累積福報。

案例二十五

<table>
<tr><td>武曲 破軍 權
辛巳 福</td><td>太陽 陰煞 祿
壬午 田</td><td>天府 天刑
癸未 官</td><td>天機 太陰 科
甲申 友</td></tr>
<tr><td>天同 忌
庚辰 父</td><td colspan="2" rowspan="2">庚午年十一月十六日酉
土五局</td><td>紫微 貪狼
乙酉 遷</td></tr>
<tr><td>己卯 命</td><td>巨門 華蓋 忌 沖
乙戌 疾</td></tr>
<tr><td>左輔
戊寅 兄</td><td>廉貞 七殺 文曲 文昌
己丑 夫</td><td>天梁 右弼
戊子 子</td><td>天相
丁亥 財</td></tr>
</table>

問：我與家人相處的因果。

案例二十五

詢問者相關人公公：豬　婆婆：兔　先生：龍　大兒子：兔
小兒子：猴　姊姊：馬　7.11.16

原始是神明底下的童子，很愛玩很善良，尤其跟屬龍的先生很合也很愛玩，結果把事情做錯還沒完成。因為你們的愛玩，害屬猴的兒子出意外，屬兔的兒子和婆婆生病，你們沒照顧好他們，害他們病情更嚴重，影響到他們的眼睛和耳朵有問題，被打下人間學習，妳來人間五世了。

第一世：妳是女生，妳能力很好，自己做生意，賺很多錢，屬龍的先生，是妳很好的哥哥，很疼妳，對妳很好，也一直幫妳做生意，這一世妳忙著賺錢。因為有錢也怕被人騙，所以沒結婚。婆婆屬兔的和公公屬豬的，是妳的廠商，但心機很重都想賺妳的錢。妳因為沒家累，晚年還有修行佈施做功德。

第二世：妳是女生，財運還不錯，這一世妳遇到的桃花都是為了妳的錢，只有屬龍的先生不是，後來妳有和他結婚，因為妳能力好又很會賺錢，對妳的公婆很不屑，也是這世的公婆屬兔和屬豬的，但他們又很依賴妳，想掌控妳，造成很多相處不和的問題，他們覺得妳給予他們的，都是應該的，因為妳會賺錢能力好。

第三世：妳是男生，前世沒積福報，這一世過得勞碌又辛苦，妳因為自己辛苦賺錢，就無法分心，就疏忽對家人的照顧，讓家人對妳很有意見，這世妳就造下欠家人的債。屬馬的姊姊這世是妳的哥哥，她看妳很辛苦，都會金錢資助妳。屬龍的先生這世是妳太太，他很單純老實，妳因為生活上挫折多，妳也對他百般有意見，故意找他麻煩發洩，他還能默默承受。

第四世：妳是男生，當老師的，但因為當老師收入微薄，妳認識公公屬豬的，他這世是妳的好同事、好朋友，一起去做投資，結果錢都賠光，妳還集資找屬馬的姊姊和屬兔的婆婆和兒子，他們這一世也是妳的好朋友，最後只有屬馬還會幫妳，其他人都對妳有怨喔！

第五世：就是現在這世，所以妳很辛苦，要圓滿家人，有智慧走出來，面對一些必須還債的，好好處理還債，可能妳也可以不要再來輪迴了。

案例二十六

<table>
<tr>
<td>天梁 權
子
辛巳</td>
<td>七殺
天刑
夫
壬午</td>
<td>華蓋 忌沖
文昌 文曲
兄
癸未</td>
<td>廉貞
陰煞
命
甲申</td>
</tr>
<tr>
<td>紫微 科
天相 紅鸞
財
庚辰</td>
<td colspan="2" rowspan="2">乙未年十月六日 卯時
水二局</td>
<td>父
乙酉</td>
</tr>
<tr>
<td>天機 祿
巨門
疾
己卯</td>
<td>破軍
天喜
福
丙戌</td>
</tr>
<tr>
<td>貪狼
遷
戊寅</td>
<td>太陽 左輔
太陰 右弼 忌
友
己丑</td>
<td>武曲
天府
官
戊子</td>
<td>天同
田
丁亥</td>
</tr>
</table>

問：我很認真在做事，也對人很好，可是我的付出好像都得不到大家的認同，突然對自己的未來很茫然，不知如何走下去？

案例二十六

詢問者相關人對象 家人：牛，羊，狗，鼠 12.10.6

原始是神明的將士，專門傳遞公文和跑腿的，所以常常跑來跑去，有點愛玩，因為貪玩誤事，沒把事情做好，被打下人間學習。你來人間七世了。

第一世：你是男生，你剛來人間脾氣很大，你會很為所欲為！這世是當流氓，也很愛玩，換桃花也很快，讓你不開心就不要。但是很講義氣，因為脾氣大，跟對待朋友也是，不和就絕交。你造了很多兄弟朋友間的業障，別人對你不滿，又不敢跟你說，所以很多人對你都是做表面的。

第二世：你是男生，這世過得很辛苦，很認真賺錢，也是有賺到錢，但很照顧家人，娶了一位好老婆，很幫你，應該是這世屬牛的，因為前世對兄弟朋友不好，這世遇到的兄弟朋友也很會算計你的錢，你老婆屬牛的，一直幫你做功德佈施，算是好緣。

第三世：你是男生，這世是戰將，常常出外打仗，造了很多殺生業，你是統帥，但脾氣不好個性直，帶領的部屬有些都對你很不滿。這世你忙於戰爭，沒有結婚，後來也死於戰場。

第四世：你是男生，當老師的，但也教學生教得不好，大家都對你很有意見，你有結婚，可是老婆很心軟，對學生很好，一直金錢支助學生，害你都沒錢。你受不了和她離婚，晚期你也沒存什麼錢，只好在寺廟度過餘生。你是因為沒地方住，也沒有很認真在修行，做功德佈施。

第五世：你是女生，家境很清寒沒錢，你在青樓上班（就是現在的酒店），還當到大班，這一世你好像什麼都掌控不住，感情不順，染上愛喝酒的習慣，所以也很會花錢，晚年還是淪落到寺廟住，但這一世有稍微認真，多做些功德佈施，可能覺得這世過得很辛苦吧！

第六世：你是女生，因為前世多少有做功德佈施，這世還蠻會賺錢，可是出生家境也不好，你還是去青樓上班（就是現在的酒店），你有欺騙一些男客人的錢，造了一些業障。這一世屬狗的跟你很好，助你賺很多錢，應該算是你的情人之一，但你跟他的緣是善緣。屬牛、羊、鼠的都是你的桃花之一，結來的緣。你就這樣過一生，這世造了一些桃花債，所以你都遇不到好桃花。

第七世：就是現在這世，出生富貴之家，家人很疼你，個性有點驕縱，有結婚但後來因為個性不合，常常吵架而離婚，這世又造了感情債，其他就看你如何？用智慧走出來，是否還會再來輪迴就看你了。

案例二十七

天相 疾 辛巳	天梁 財 壬午	廉貞 七殺 右弼 左輔 子 癸未	陰煞 夫 甲申
巨門 忌 沖 遷 庚辰	庚午年四月十日 申時		紅鸞 兄 乙酉
紫微 天府 天喜 友 己卯	土五局		天同 忌 華蓋 命 丙戌
天機 科 太陰 文昌 官 戊寅	天府 田 己丑	太陽 祿 天刑 文曲 福 戊子	武曲 權 破軍 父 丁亥

問：我很受不了我先生，常常在幫他收拾爛攤子，我真的很想離婚。

案例二十七

詢問者相關人對象 先生：狗 兒子：虎 女兒：屬馬 7.4.10

原始的妳，是菩薩下面的仙女，妳先生屬狗，是由水鬼提升上天上，神佛要好好度他成門下弟子，由妳去教育他，但他貪、嗔、癡的習性很重，然後又故意引誘妳，神佛生氣就把你們打下人間學習，妳來人間七世了！

第一世：妳是女生，人緣很好，能力很好，很會賺錢，對兄弟朋友很好，但他們都故意騙妳的錢，這一世妳屬狗的先生，就是妳太太，很愛玩又很愛享受，什麼壞習慣都有，還會賭博，真的是來磨妳的，後來妳真的受不了，就跟他離婚了，造成還是沒把他調教好，又繼續輪迴。

第二世：妳是男生，過得很辛苦，屬狗的這世是妳兄弟，妳家人都靠你麻煩你，沒錢都找妳要，因為妳最會賺錢，連屬狗的兄弟，因為愛玩、愛賭，要是贏錢就對妳很慷慨，但輸錢也都找妳，就這樣一直循環糾纏不清，妳因為這樣也不敢結婚。屬虎的兒子，這世開始和妳結緣，是妳的情人，在工作上很幫妳。

第三世：妳是女生，妳在青樓上班，就是現在的酒店，屬狗的也在這世跟妳認識，應該是在青樓幫忙的馬伕，你們感情很好，但沒生小孩只是同居，這世是互相幫忙的，妳也很會賺錢，妳也包容他的一些習慣，包括賭博。這世有人要妳的錢，曾經陷害妳要把你推入海，應該是妳這世屬狗的救你，所以妳應該很怕海或不會游泳。

第四世：妳是商人，妳是男生，屬狗的又是妳的老婆，很幫妳事業，感情還不錯，他很會對妳撒嬌、依賴喔！妳也對他很好，就這樣過一生。這世的女兒屬馬的，是妳這世的第二位老婆，他因為幫妳管帳，就是當會計，幫妳存錢，結來的好緣，所以以後長大也會管妳的錢喔！會不准妳亂花。

第五世：妳也是男生，因為累世都不懂佈施做功德，這世過得很辛苦，屬狗的又是妳老婆，很會幫妳賺錢，換成他去青樓上班賺錢，支助家庭開銷，所以這世妳又欠他了。

第六世：這世妳也是男生，很努力賺錢，屬狗也是男生，和妳是合夥人，很助妳財，但又很會跟妳計較，最後你們不合就拆夥。這世妳只有他這個朋友，是助妳財的，其他的都直接設計妳的財，妳又對他們很好，造成這世妳不太相信兄弟朋友。妳娶兩位太太都在幫妳，有一位是這世屬虎的小孩。妳這世除了還債和要圓滿兄弟朋友間，還有家人，因為妳長期為了賺錢與家人聚少離多！

第七世：就是現在這世，妳很愛妳先生屬狗的，他也很愛妳，但因為前世的生活習性，養成賭博，妳和他有相欠債，要好好圓滿。至於小孩部分的緣，算是好緣，應該沒什麼要圓滿的，也就是以後會孝順妳的。

案例二十八

紫微 七殺 文曲 夫 癸巳	甲午 兄	乙未 命	丙申 父
天機 權 天梁 右弼 子 壬辰	丙子年七月六日 丑時		廉貞 天喜 忌 破軍 文昌 科 福 丁酉
天相 忌 沖 天刑 紅鸞 財 辛卯	你 金四		左輔 田 戊戌
太陽 巨門 疾 庚寅	武曲 貪狼 遷 辛丑	天同 祿 太陰 友 庚子	天府 官 己亥

問：我與先生屬豬的很想要離婚，不知可以嗎？

案例二十八

詢問者相關人對象 先生：豬 大女兒：兔 小女兒：羊 13.7.6

原始那一世是三寶佛身邊的文將，有領導的特質，但協調不好，也很有文書才藝，因此被打下來，所以這一世遇到的組員都很會算很龜毛，這世先生屬豬的，是妳的學生（師生戀），管理人方面，沒處理好，所以被打下來人間學習，妳來人世間七世了。

第一世：妳是男生，喜歡帶女朋友到處享受，犯桃花感情債，不會理財喜歡享受，是男生（有可能是經營地下錢莊），做生意投資，用錢滾錢的方式賺錢，很會賺錢，娶三個老婆（屬豬的是其中一個），因為賺錢，也造了些業障，跟家人感情不好（欠家人的要圓滿）。

第二世：妳是男生，桃花很多，有結婚又離婚，朋友很會說好聽的話陷害妳，晚景淒涼沒房子住，被朋友騙光了（因為第一世沒積福報），妻離子散，晚年住在寺廟修行佈施做功德，有累積一些福報。

第三世：妳是男生，因為前世有累積福報，很有錢，很會說，很會賺，很忙，到處跑，會約一堆人投資，幫人賺錢，或集資找人合夥，因為工作賺錢，又造到桃花債（被桃花騙錢），所以遇到的桃花都會為桃花破財。

第四世：妳是女生，很坎坷的酒家女（很會喝），因前世有錢沒積福報，錢又被男人拐跑，這一世晚景淒涼，沒地方住又跑去寺廟住，因為要圓滿前幾世的感情債，修行佈施做功德，有累積一些福報。

第五世：妳是男生，很會算很認真努力賺錢，娶到的老婆有幫夫運（是這世屬豬的先生），兩人是互補的很合，就這樣過一生。

第六世：妳是男生，很會算、很小氣的人，有存一些錢，努力賺錢，後期因為錢被老婆花光，而把老婆離掉了。

第七世：妳是女生，會有錢，但要圓滿家人跟圓滿錢財，跟屬羊的朋友是原始就認識，她低妳一階，羨慕妳的能力，很嫉妒妳比她好。與大女兒屬兔的，第三世就認識（跟錢有關），有卡到錢財的事（應該是妳欠她的，所以這一世常會為她花錢），這一世跟妳很會算，很會計較，但還是要圓滿。與小女兒屬羊的（以後很會賺錢），會孝順妳養妳，但她有可能會出家十八歲或二十八歲，剛好夫家有傳承，每一代都會有一人出家。

案例二十九

天梁 癸巳 兄	七殺 文曲 甲午 命	乙未 父	廉貞 文昌 忌 丙申 福
紫微 七殺 右弼 天喜 壬辰 夫	辛巳年七月二日 寅時		丁酉 田
天機 巨門 祿 天刑 辛卯 子	金四局		破軍 紅鸞 左輔 戊戌 福
貪狼 陰煞 忌 沖 庚寅 財	太陽 太陰 權 華蓋 辛丑 疾	武曲 天府 庚子 遷	天同 己亥 友

問：我離婚了，這一世好像什麼事都要靠自己，覺得好累喔！

案例二十九

詢問者相關人對象 前夫：狗 兒子：鼠 18.43.62

原始是神佛身邊的護法，使命感很重，很想當神，好勝心強又很龜毛，會想計較如何做好，因此造了業障，很會說很會計畫，讓人覺得都是為妳自己好，引發很多口舌是非，因此只要有團體的地方，有時最後會被排擠或扯後腿。因為長得不錯，也因此欠了很多桃花債，而且都跟錢財有牽扯，所以被打下人間，學習與和桃花間做圓滿，也會為了慾望要去辛苦還債，妳來人間五世了！

第一世：妳是男生為了賺錢而忙，常去求神拜佛請求幫忙財運，為了賺錢去討好神明，和桃花，跟神明和桃花都有卡到錢的事，和為了賺錢造了一些業障，這世因為很忙也不缺桃花，所以沒有結婚。兒子這世跟妳是好朋友，前夫和妳是這世的桃花他是女生。

第二世：妳是男生，是個書生，長得很斯文清秀，結果也是桃花一堆，有的桃花給妳錢，有的妳破她的財。又欠了很多桃花債，這世妳是到處跑，為了功名和賺錢，妳忽略妳的家人，都沒給錢家用，所以妳和家人也必須圓滿錢財的事。這一世為了賺錢和兄弟朋友計較，反而遇到的有些兄弟朋友也會設計妳。

第三世：妳是男生，妳主觀意識強，是家裡有錢的公子，掌權什麼事都管，妳前夫這世是妳老婆，但他也很壞，在外面外遇搞一些桃花債，你們是要互相報復，因為妳也是桃花一堆，被妳發現妳就和他離婚。這世的兄弟朋友很會說話很會設計妳。

第四世：妳是男生，這一世神佛有幫妳助妳的財，所以這世很有錢，應該是生意人，很有頭腦，口才很好，很會賺錢。這世的兄弟朋友，因為妳前世很會跟他們計較，這世對妳更會計較，因此妳就會挑朋友，所以這世兄弟朋友很少。反而有桃花，都會助妳的財，幫助妳的事業，這世妳娶兩個老婆，也都很幫妳的財。

第五世：妳是女生，就是這世要圓滿感情債，就算有的桃花會助妳財，有的不會助財，還要圓滿錢財的理財！很忙碌很多事，勞碌奔波。看妳這世如何圓滿，也可以不再來投胎或繼續輪迴。這世也會為了慾望，要去辛苦還債。這世的婚姻，也會離婚，應該不會再嫁，只是會找個伴吧！

案例三十

天府 癸巳 福	天同 右弼 祿 太陰 陰煞 甲午 田	武曲 文昌 科 貪狼 文曲 天喜 乙未 官	太陽 左輔 巨門 丙申 友
壬辰 父		丙寅年五月八日 卯時	天相 忌 沖 丁酉 遷
廉貞 忌 破軍 辛卯 命	木三局		天機 權 天梁 華蓋 戊戌 疾
庚寅 兄	天刑 紅鸞 辛丑 夫	庚子 子	紫微 七殺 己亥 財

問：我對一些人真心付出，很辛苦的對待他們，但他們好像也沒幫我什麼？

案例三十

詢問者相關人對象雞，蛇，馬，羊 3.5.8

原始是神明（觀世音）身邊的將士，很愛玩又動了情，個性很龜毛又很會亂想，要求理想化又完美，脾氣很不好，因此得罪很多人。屬蛇、羊、馬的都是跟你有感情糾葛的，被打下人間學習，你來人間六世了。

第一世：你是男生，這世是當軍人的，脾氣一樣很不好，這一世遇到的兄弟朋友，你很容易和他們不和，因為他們都很會跟你算，一開始你廣結好友，後來你一一少聯絡。屬羊、雞的都是你的情人，屬馬的這一世跟你有結婚，後來不和又離婚。你延續在天上有好幾段的感情，但都沒有結果。屬蛇的是你的好朋友，幫你很多，也助你財。

第二世：你是男生，很愛玩很愛享樂，很會賺錢，屬雞、蛇、馬、羊的都曾是你的桃花，你這一世沒結婚。這一世你都是和桃花有問題，相處不來就分手，所以是你累世要圓滿的。這一世也忽略和家人相處，所以也是要學習的課題。

第三世：你是女生，在當職業媒婆的，都幫人牽紅線，賺媒人婆的錢，因為要賺錢，有時把對方的缺點，用說謊掩飾掉，所以常常有些口舌和糾紛。你除了當媒婆，還兼很多行業或賣東西，算是很努力賺錢的。晚年感受生活的苦，也沒有結婚，就去廟裡住，順便修行佈施做功德。

第四世：你是女生，你在青樓上班就是現在的酒店，很會賺錢，因為前世有做功德還有福報，可是還是桃花好幾個，也是屬雞、蛇、馬、羊的，跟你到老的也是屬羊的，因為她對你最好最合。你因為得罪青樓裡的同事，她對你作法，讓你晚期很不順，後來求救於觀世音，祂救了你，你就又相信神佛，後期有在修和佈施功德。

第五世：你是女生，你出生在富貴人家，你對家人很好很照顧，家人也對你很好，有幫你找了一段婚姻，應該是屬羊的，可是你脾氣還是很差，和屬羊的不和就和她離婚，然後你又有三段桃花債，應該就是屬雞、蛇、馬。

第六世：就是現在這世，你的感情還是都沒圓滿，屬羊的應該會陪你到老。未來如何走就看你自己了。

案例三十一

紫微 七殺 父 己巳	文曲 忌 右弼 陰煞 福 庚午	田 辛未	文昌 左輔 官 壬申
天機 天喜 天梁 科 命 戊辰	己巳年五月四日 寅時		廉貞 破軍 友 癸酉
天相 兄 丁卯	木三局		紅鸞 遷 甲戌
太陽 巨門 夫 丙寅	武曲 祿 華蓋 貪狼 權 天刑子 丁丑	天同 太陰 忌 沖 財 丙子	天府 疾 乙亥

問：我想知道我與家人的因果，要如何相處？

案例三十一

詢問者相關人對象 先生：虎 女兒：羊 兒子：雞 媽媽：牛 哥哥：虎 妹妹：蛇 6.5.4

原始是神明底下的部屬，專門在管理部屬們的總管，雜事很多能力很好，處理事情當中，認識屬虎的先生和哥哥，他們都喜歡上妳！妳也對他們兩人較好，讓別人覺得你處事不公！妳妹妹屬蛇，是妳的好夥伴，她很幫妳。妳媽媽屬牛，應該也是神佛轉世的，她對妳也很好，很疼妳的很幫妳。屬雞的兒子在天上也是武將，他也很幫妳跟妳結善緣的，只是他都是常常跑來跑去的。妳因為和妳先生屬虎的，和哥哥屬虎的，有產生感情所以被打下人間學習，妳來人間八世了。

第一世：妳是女生，妳是當老師的，也是到處去教，這一世妳又遇到屬虎的先生和哥哥，他們一樣一起喜歡妳，都對妳很好。後來妳因為本身就財運還不錯，會評估他們的財力，工作上，又必須到處去教書，最後要選擇嫁給誰很兩難，就沒結成婚，然後三人都各奔他方。晚年妳潛心修佛，就這樣過一生。

第二世：妳是女生，妳當顧問祕書之類，這一世妳要圓滿管理和與大家的學習，妳屬虎的先生和哥哥還有女兒屬羊的，就是團體裡面最會找妳麻煩的，因為很喜歡妳，要引起妳的注意。妳這一世還是沒有管理好，所以還和他們有些糾纏，下一世又來輪迴。

第三世：妳是女生，因為前世沒積福報，出生家庭清寒，妳只好去青樓上班（就是現在的酒店），但是妳賣藝不賣身。這一世賺錢辛苦，屬虎的先生和哥哥，也很喜歡妳，都常常去找妳，給妳錢。屬羊的女兒，是妳工作上的好姊妹，當時就很不和，她對妳很有意見，結來的緣。這一世妳看過很多男人，妳對感情也沒信心，所以也沒結婚。晚年就覺得一輩子辛苦，有好好做一些佈施功德。

第四世：妳是女生，因前世有修出生富貴家庭，家裡也是佛教家庭，妳哥哥屬虎和妹妹屬蛇的，這一世也是妳的兄弟姊妹，妳因媒妁之言，嫁給妳先生屬虎的，但是常常溝通不良，妳很不懂夫妻相處之道，造成還要圓滿。

第五世：妳是女生，妳因為前世過得很好，忘了多做佈施功德，這一世的身體很差，常常生病，家人都很擔心妳疼妳，為了妳身體健康，花了不少錢，因此也沒結婚。所以這一世妳欠家人的，他們一直對妳付出幫忙，後來妳發願去寺廟住，多做佈施功德，轉自己運勢和健康。

第六世：妳是男生，妳因前世有做功德，這一世是當官的，妳算是很清廉自守，屬虎的先生和哥哥都是妳兄弟，結果他們都藉由妳當官，私下收賄賂，害妳工作上出現很多麻煩事，也造了一些共業。

第七世：妳是女生，妳過得很辛苦，很勞碌，但有和屬虎的先生結婚，他對妳很好給妳錢，但妳的錢都被兄弟朋友設計走，所以他不相信妳，妳也因此不相信朋友，但這是你們前世對兄弟朋友收賄賂的業障，所以你們必須要圓滿承受。這一世辛苦，也讓妳體驗到必須多做佈施福報。

第八世：就現在這世，妳必須圓滿家人和夫妻之間，用妳的智慧走出來，看能否不再來轉世了。

案例三十二

天同 祿 右弼 癸巳 命	武曲 天府 文曲 甲午 父	太陽 太陰 天喜 乙未 福	貪狼 科 忌 文昌 科 丙申 田
破軍 陰煞 壬辰 兄		丙寅年六月十八日 寅時	天機 權 左輔 丁酉 官
辛卯 夫	水二局		紫微 天相 華蓋 戊戌 友
廉貞 忌 天刑 庚寅 子	紅鸞 辛丑 財	七殺 庚子 疾	天梁 己亥 遷

問：我和先生要如何相處？我們之間有何因果？

詢問者相關人對象 先生：狗　3.6.18

案例三十二

原始妳是神佛下面的童子，也是先生屬狗的在天上的學生，和先生屬狗的結來的緣。所以妳原本還是很有福氣的，就是做事情太小孩子氣。在天上做事情要求完美，就是龜毛，因為妳喜歡上他，妳這世的先生，還用錢支助他、討他喜歡，被打下人間學習。因為妳是童子像小孩，一直不會處理感情的事，不懂夫妻間的相處，妳來人間七世了。

第一世：妳是女生，出生在很好命的人家，對妳很好，嫁一位先生，原先對妳很好，給妳錢過得很幸福，後來把妳的錢騙光，就跑掉了。晚年遇到一個桃花，對妳很好，給妳錢、照顧妳。這一世，妳的感情不順，也沒生小孩。

第二世：妳是女生，妳就遇到妳這世的先生，妳過得很辛苦，妳先生長期在外打拼，因此漸行漸遠，疏忽溝通，後來是離婚。晚年與娘家的人度過，還好娘家的人很疼妳。

第三世：這世妳是男生，妳有在修行，做生意有賺到錢，遇到的兄弟朋友，都是很自私，甚至騙妳的錢，妳對兄弟朋友還不錯，只是他們覺得妳很好騙，這世妳有娶太太，很會吵架溝通不良，後來也是離婚。

第四世：這世妳是女生，因為很會亂想、鑽牛角尖，又沒佈施修行，過得很辛苦，沒結婚都為家人、兄弟朋友付出，這世妳娘家人也都對妳很好，要好好惜福，還他們人情。

第五世：妳是男生，這比上一世更辛苦，妳忙於賺錢，但又沒方法。所以一直賺不到錢。妳小時候，家人幫你，娶了一童養媳來照顧妳，所以妳很不喜歡，在外有交過三次桃花，結果都是來騙妳錢的爛桃花。後來也搞到身體不好，只活到六十歲。

第六世：妳是女生，有結婚，常常為了錢財吵架。老公都把錢給妳了，妳卻嫌不夠。這世也很操勞，容易亂想，造成自己每天生活不快樂，跟家人上上下下都不和，常常吵架，這世妳要好好圓滿家人。

第七世：就是現在這世，與先生還是很難協調好，常常吵架，先生一直想要在外打拼，所以就聚少離多，娘家的人對妳很好、很照顧妳，這世妳要圓滿與家人的溝通。

案例三十三

太陰 文昌 左輔 科 疾 癸巳	貪狼 財 甲午	天同 祿 巨門 天喜 子 乙未	武曲 天相 夫 丙申
廉貞 忌 天府 遷 壬辰	丙寅年二月二十五日巳時 木三局		太陽 天梁 右弼 文曲 兄 丁酉
友 辛卯			七殺 忌 沖 華蓋 天刑 命 戊戌
破軍 官 庚寅	紅鸞 田 辛丑	紫微 陰煞 福 庚子	天機 權 父 己亥

問：我覺得我為人付出，對旁人很好，甚至要找對象結婚都很難，我到底是什麼因果來的？

案例三十三

詢問者相關人對象 先生：狗 子：兔 3.14.25

原始妳是男的神明來轉世的，妳脾氣很不好，很會算又很龜毛要求完美，因為妳很想把事情做好，得罪很多人，包括妳的下屬。唯有你這世的先生屬狗的，跟你很合，他跟妳也是神明，互相配合做事結善緣。有些事，因為個性問題，沒有幫人做好，而被打下來受磨練的。屬兔的，是有助你們的財，但是妳下面的弟子最白目，最有意見的，他的前身應該是動物老虎修來的。你們來人間六世了。

第一世：這一世妳是男生，脾氣很壞，延續在天上的個性，這世妳屬狗的先生也是男生，他當官，妳當他的軍師，你們有貪到人的錢去處理事情而造了業障。這世賺很多錢，也造很多業障，算是貪官的一種，而且妳和他都娶好幾個老婆，有賺到錢。還蠻會享受的。屬兔的兒子，這世是你們的護法跟班的，幫你們賺很多錢喔！然後他不能接受的是，幫你們賺那麼多錢，還被你們嫌。

第二世：妳和他是情人，家人有留一些財產給你，這世你們不缺錢，很有得吃喝玩樂過一生。一起做生意，到處跑到處玩，與家人的互動和員工沒有很好，這世就要圓滿這兩件事，所以常請不到人。

第三世：妳是男生，他是妳太太，但妳在圓滿第一世的桃花債，這世很花心，很多桃花，搞到你們離婚，妳也被兄弟朋友害到沒錢，晚期連住的地方都沒有，四處流浪，後來靠人收留，住在廟裡過完一生。

第四世：很有錢但也不知惜福，很會花錢，這世妳是做中藥的，這世跟我認識，還跟我學，我們兩個都是男生，屬狗的也是妳這世的老婆，還好幫妳守財和賺錢，不然妳可能又花光了。這世妳對兄弟朋友很好，他們很會算都找妳吃喝玩樂花錢。

第五世：這一世過得很不好，因為前幾世都沒做功德，沒福報，所以財運不好，工作不順，做什麼都讓人不順眼，可是妳還是很龜毛想做好，也很會跟兄弟朋友計較，但因為妳沒錢沒人理妳，幾乎是到處流浪的，這世沒和屬狗的相遇。

第六世：就是這一世，屬狗的又和妳結為夫妻，他很依賴妳，妳還是很龜毛有潔癖，讓人覺得妳很會計較。這一世妳要圓滿屬狗和屬兔的，會賺到錢但要很辛苦努力，要多補福報才能圓滿，就有可能不用再來輪迴了。

案例三十四

巨門 忌 乙巳 福	廉貞 天相 文曲 天喜 丙午 田	天梁 華蓋 左輔 右弼 丁未 官	七殺 文昌 陰煞 戊申 友
貪狼 甲辰 父		丁卯年四月七日 寅時	天同 權 己酉 遷
太陰 祿 癸卯 命	金四局		武曲 庚戌 疾
紫微 天府 壬寅 兄	天機 祿 癸丑 夫	紅鸞 破軍 天刑 壬子 子	太陽 忌 沖 辛亥 財

問：我有個屬牛的男友，交往很久，可是談到結婚，我有懼婚症，要分手又分不了，想說到底是怎麼了，要如何走下去？

案例三十四

詢問者相關人對象 男友：牛 4.4.7

原始是神明底下的仙女，妳在天上意見很多很愛說話，跟妳男友屬牛的產生感情，還說錯話、做錯事，被打下人間學習，妳來人間四世了。

第一世：妳是女生，長得很漂亮，一樣很愛說話常說錯話做錯事，還常常東西不見了！這一世就遇到屬牛的男友，神明故意考驗你們，只讓你們當情侶。因為互相太依賴、太愛，都很喜歡管對方，造成最後受不了？相處很痛苦的分手。晚年，妳又去廟裡住，跟菩薩修行，但是妳還一直掛念著和屬牛的感情，並沒好好修行。

第二世：妳是男生，這一世妳是當官的，屬牛也是妳老婆。可是這世，妳娶了三位老婆，她們常常爭風吃醋，讓妳覺得很煩，連屬牛的，雖然很愛妳，也不想幫妳了！他只管能多跟妳拿錢就多拿，這樣，他才會有安全感，這是妳造成的業，所以妳應該這世也覺得，他很在意錢財的事。

第三世：妳是男生，和屬牛的男友是很好的朋友，你們互相出外，去打拼賺錢，為了事業和賺錢，兩人都沒結婚，妳們晚年就是都在廟裡修行，有多做一些佈施和功德，就這樣過一生。

第四世：就是現在這世，妳會有錢。但是，就是還太善良純真，應該會和屬牛的圓滿，還會幫他生小孩。因為妳累世都沒幫他生小孩喔！所以要小心，比較不容易懷孕喔！至於要如何圓滿，不再來輪迴轉世，就看妳如何做了。

案例三十五

太陽 左輔 命 丁巳	破軍 祿 紅鸞 父 戊午	天機 福 己未	紫微 天府 田 庚申
武曲 忌 沖 兄 丙辰	癸酉年二月十一日 戌時	土五局	太陰 科 右弼 官 辛酉
天同 夫 乙卯			貪狼 忌 天刑 友 壬戌
七殺 文曲 子 甲寅	天梁 華蓋 財 乙丑	廉貞 天相 文昌 天喜 疾 甲子	巨門 權 遷 癸亥

問：我與屬虎的男友結婚好不好？

案例三十五

詢問者相關人對象 男友：虎 10.14.11

原始是神明母娘下的仙女，長得很漂亮，能力也很好，常常出外處理事情。妳男友是屬虎的，是神明身邊的武將。妳因為公務關係，常常和他碰面，日久生情，應該說他很喜歡妳，就先主動追求。有一次妳假借辦公事出差，結果兩人跑去約會，被神明知道，你們被打下人間學習！你來人間五世了。

第一世：妳是男生，妳很早就出家，當到寺廟的當家的，什麼事都要處理，這一世妳家人對妳很好，怕妳出家沒錢用，還一直供養妳錢，所以這世妳算欠家人的。

第二世：妳也是男生，做生意的很會賺錢，就是很忙，忙到沒有把自己的健康照顧好。這世有結婚，就是跟屬虎的，他很賢妻良母，幫妳持家，對家人有責任感，互結善緣。這世有生一女兒，她很有佛緣，很早就出家了。

第三世：妳是女生，出生富貴之家，算是千金大小姐，家裡是做海運的。妳當然繼承事業，也經營得很好，很賺錢。因為太有錢了，不敢結婚！屬虎是妳很好的情人，要幫忙妳，陪妳一輩子。這一世你們沒生小孩！

第四世：妳是男生，這世很忙碌，為了賺錢，到處跑來跑去。疏忽與家人的溝通，和照顧家人。屬虎的還是妳的女友而已，沒結婚但也跟妳很久，應該說只有同居到老，他也很幫妳的工作，跟妳到處跑。你們就這樣過一生！

第五世：就是現在這世，一開始你們也會覺得，不結婚也沒差，但是，還是會結婚，應該也會有一小孩的命喔！

案例三十六

廉貞 天刑 貪狼 忌 父 丁巳	巨門 權 紅鸞 福 戊午	天相 田 己未	天同 天梁 官 庚申
太陰 科 文昌 命 丙辰	癸酉年九月十二日 午時 土五局		武曲 七殺 友 辛酉
天府 兄 乙卯			太陽 文曲 陰煞 遷 壬戌
右弼 夫 甲寅	紫微 華蓋 破軍 祿 子 乙丑	天機 左輔 天喜 財 甲子	忌 沖 疾 癸亥

問：我想知道我的累世，我該如何圓滿？

案例三十六

詢問者相關人對象 先生：蛇 女兒：狗 兒子：虎 公公：猴

朋友：蛇 10.9.12

原始是神明底下的仙女，妳很龜毛要求完美，專門在管理仙女和幫他們處理事情，也幫神明發號命令。先生屬蛇，是妳底下的仙女。因為他很幫忙妳，常常共事，共事時間多，產生感情(在天上是姊妹情)。他有一次，不小心說錯話又做錯事，妳幫他掩飾，和替他說話，就被打下人間學習，妳來人間五世了。

第一世：妳是女生，妳很龜毛，要求完美，造成妳到哪裡工作都和人不和，因為妳個性的關係，妳都只想把事情做好。因為第一世，妳還延續在天上的個性，也無法和人相處，是要讓妳學習的。甚至與家人也都不和。這世妳屬蛇的先生也是妳先生。因為妳的個性，常常和妳有口角，但還是對妳很好。這世你們，都賺不到錢，屬猴的公公，常常資助你們錢財，後來生了屬虎的兒子，他長大很會賺錢，也一直很孝順你們。女兒屬狗的，這世和妳是同事，也是好朋友，個性跟妳很像，也超會龜毛妳喔！醫師和妳也是同事，兩人相處很好，結來的緣，跟妳很有話聊。我這一世就和妳認識，妳因為常常賺不到錢，就找我問事，我也有幫到妳，而成為好友，我有教妳積福報功德，所以第二世妳有錢。

第二世：妳是男生當官的，應該是縣令，妳不貪汙斂財，盡量不誤判。這世妳娶了兩個老婆，分別是妳這世的兒子和女兒，他們在妳工作上很幫你，屬蛇的先生，是妳的情人，緣結不久就分手了。這世妳要圓滿眾生，幫他們處理好事情。醫師是讓妳處理事情的眾生之一。我也是妳相信的算命老師，當官司遇到瓶頸，偶爾妳會問我，該如何判？才不會誤判。

第三世：妳是男生，因前世沒做功德福報。這世比較沒錢，辛苦過日子。有娶老婆是屬狗的，他很努力持家，因為操勞過度，很早就生病死了，妳也沒有再娶。這世屬猴的公公是妳屬狗的哥哥，因為看你們沒錢很辛苦，常常資助你們錢，對你們很好。

第四世：妳是男生，妳有錢，但妳常常被兄弟朋友，騙去投資賠錢，所以妳不太相信兄弟朋友。妳忙於結交兄弟朋友，應酬和做事業，後來沒結婚，妳這世的感情也不順，妳很龜毛女友，遇到的女友，也都很盧、很龜毛，所以妳乾脆不結婚。

第五世：就是這一世，妳如果好好圓滿先生和小孩，公公的部分應該還完了，應該也可以不用再來輪迴了。

案例三十七

廉貞 祿 貪狼 友 己巳	巨門 文昌 左輔 遷 庚午	天相 疾 辛未	天梁 右弼 天同 文曲 財 壬申
太陰 忌 沖 華蓋 官 戊辰		甲子年三月二十五日 辰時	武曲 科 七殺 天喜 子 癸酉
天府 紅鸞 田 丁卯	水二局		太陽 忌 陰煞 夫 甲戌
福 丙寅	紫微 破軍 權 父 丁丑	天機 命 丙子	天刑 兄 乙亥

問：我一直盡心盡力再幫周遭的家人與朋友，可是好像都得不到一些相對的價值與信任，我想知道我哪裡做錯了，要如何改進處理？

案例三十七

詢問者相關人對象 先生：狗 有因緣：龍，蛇 61.51.25

原始是神明（觀世音菩薩）底下的武將，妳辦事能力很好，管理也有一套，但是人都沒有十全十美的，妳因為太強勢，太要求完美，造成手下對妳不服，害妳事情沒做好。屬狗的先生是夥伴，妳為了幫他，讓大家對妳很不服氣，也讓妳對手下無法交代，害妳被打下人間學習，妳不是因為感情被打下來的，妳來人間應該是要學習和人的相處與管理，妳來人間七世了。

第一世：妳是男生，很會賺錢也很勞碌，為了賺錢和兄弟朋友造了一些因果，有的兄弟朋友很幫妳賺錢，有的卻很會跟妳計較算計。屬狗的也是男生，和妳是很好的生意夥伴！這一世，你們都忙於賺錢，都沒有結婚。屬龍的和屬蛇的也跟妳是工作夥伴，應該都是妳的員工，姻緣還不錯，是結善緣。妳晚年有去寺廟修行和佈施做功德。

第二世：妳是女生，因為前世有修行和佈施做功德！所以很有福報，這一世出生富貴家庭，本身也很會賺錢，家人也都很幫妳，對妳很好。所以妳就欠家人的，這一世家人有事都找妳。妳很努力和兄弟朋友相處，但妳發現大家，都是自私自利為他們自己，生意上妳也很照顧員工，可是也是很難管理，讓妳很失望，後來妳有接觸宗教，但因為這世說真的，要賺錢還難不倒你，所以妳沒有很相信佈施做功德，造成這世福報有些用盡。

第三世：妳是男生，也是出生在還蠻富裕的家庭，但妳賺錢就是不容易，因為福報不夠。妳在做生意中，有對兄弟朋友用心機算計，造了與兄弟朋友間的業障。這一世妳也沒結婚，都忙於賺錢工作。也忽視與家人的溝通和照顧，所以還要還家人，與家人圓滿。這一世屬龍的有算計妳的錢喔！所以他算是欠你的，以後再相逢，會對妳財運有幫助，晚年也有在寺廟修行和做佈施功德。

第四世：妳是男生，很有個性，能力很好，也很有人緣，很會賺錢，因為前世有做佈施功德，還蠻有福報的。妳和屬狗的，因為妳出外做生意認識，他這一世是女生，感情很好，妳就和他同居，但沒結婚，妳還是很會算，很愛賺錢，脾氣很不好，這一世還是和兄弟朋友，為了賺錢造了一些業障。

第五世：妳是男生，因為前世有做佈施功德，很有福報，又出生富貴家庭，但因為家人疼愛，變成花花公子，欠了很多桃花債，屬狗的也只是妳的桃花之一，妳很有個性與桃花不合，就因不合而分手，搞到最後也沒結婚，這一世也不懂做佈施功德。

第六世：妳是男生，妳會面相之類的，妳又長得很帥，又很愛賺錢，很會算，後來居然用算命騙財騙色，到處去算命賺錢，走到哪裡就結交紅顏知己，她們都對你很好，除了幫妳賺錢，還給妳錢。這一世妳又造了很多業障，而且也不懂去做佈施功德。

第七世：就是現在這世，妳如果懂得多做佈施功德，妳下一世的財運會很好，因為前世有造了一些感情債，所以這世感情坎坷，對兄弟朋友的付出，好像很難得到回報，所以妳自己要用智慧走出來，圓滿身邊的人，看能否別再來輪迴了，或者下輩子好命一點，妳這世一定要修行做功德，改善以後的生活。

案例三十八

天梁 右弼 文昌 科 癸巳 田	七殺 甲午 官	天喜 乙未 友	廉貞 忌 丙申 遷
紫微 天相 陰煞 壬辰 福	丙寅年六月九日 巳時		左輔 文曲 丁酉 疾
天機 巨門 權 辛卯 父	木三局		破軍 華蓋 戊戌 財
貪狼 天刑 庚寅 命	太陽 太陰 紅鸞 辛丑 兄	武曲 天府 庚子 夫	天同 祿 己亥 子

問：我很努力在追求感情生活，但談了幾次戀愛，卻無疾而終，生活好像也沒有穩定感，我到底怎麼了？

案例三十八

詢問者相關人對象：無，因為他只想瞭解自己 3.6.9

原始是媽祖旗下的仙女，你跟媽祖有緣，有事可以找媽祖保佑。你在天上的時候，很有心機，很聰明，很愛管人家閒事，愛講人家的是非。為了感情事情，你懷疑其他仙女，所以陷害她，害別的仙女，今世的朋友屬（猴）上吊自殺，所以造了因果，被打下來人間八世了。

第一世：你是女生，長得很漂亮，桃花很多，在青樓上班，覺得自己長得漂亮，經常劈腿，劈腿一次劈三個，結果最後自己也為情自殺上吊身亡，把自己陷入在感情漩渦裡，而無法自拔，所以還要再輪迴。

第二世：你是女生，還是長得很漂亮，這一世，你搶了好朋友屬馬的桃花之後，被屬馬的殺死，往心臟刺，所以心臟容易不舒服，有結婚很愛玩，各自玩各自的，還是走不出感情的業障，也死得早，來不及圓滿，還是繼續輪迴。

第三世：你是男生，桃花還是一堆，有結婚，你的老婆對你很好，可是你還不滿足，後來你外面桃花來家裡吵鬧，毀了你的婚姻，老婆不甘心，結果跳海自殺死掉，屬蛇的朋友跟你結善緣，看你經濟困難，還借你錢，你一直積欠不還，應該也是沒錢還啦！後來是生病死的。這一世還是脫離不了桃花問題，所以要繼續輪迴。

第四世：你是男生，是一位花花公子很愛玩，玩到把家裡的家產敗光，所以家裡人都很討厭你不務正業，氣到把你趕出去，四處流浪，後來也是生病死的。

第五世：你是男生，你是辦事（做乩童）的人，後來也是對信徒騙財騙色，是你第三世跳海的老婆來附身的，你以為是神明，給你很多感應，當然也會準，這世桃花很多，因為有準，很多信徒也會給你錢，你有幫第三世跳海老婆超渡，但沒有做完全，因為她還有執念，一直跟著你，不願離開。當你在對信徒騙財騙色，也安於他們對你的供養，不知這樣的業障更重，後來因為諸多桃花的爭風吃醋，也搞到自己做不下去，後來也是生病死的。

第六世：你是男生，有在幫忙人積福報，是做業務跑來跑去的，可是因為累世不修，所以業障重，這世的朋友都很自私，都是來設計你，破你財的，你辛苦勞碌一輩子，也沒賺到什麼錢，也沒結婚。

第七世：你是女生，在酒店上班，很番很盧很任性，你的客人越年長者，你錢越多，但是你都不要，只喜歡年輕的，所以你都養小白臉，也沒積福報，仗著自己年輕美貌，還有人多少跟你在一起，後來老了也沒錢，就沒人理你，最後為了感情放不下而自殺。

案例三十九

天相 癸巳 疾	天梁 左輔 甲午 財	廉貞 七殺 華蓋 乙未 子	右弼 紅鸞 丙申 夫
巨門（祿） 文昌（忌） 壬辰 遷		辛未年三月八日 午時	丁酉 兄
紫微 貪狼 辛卯 友	木三局		天同 文曲（科） 陰煞 戊戌 命
天機 太陰 天喜 庚寅 官	天府 辛丑 田	太陽（權） 庚子 福	武曲 破軍 天刑 己亥 父

問：我與家人相處有何因果？

案例三十九

詢問者相關人對象 先生：牛 大女兒：兔 二女兒：馬 728.627.428

原始是神明身邊的將士，做事很龜毛，很愛管部屬的事，管到讓部屬反感，造成很多口舌是非，跟部屬很不和，屬牛、兔和馬的，都是妳的部屬，也是在天上最不和的，全部被神明打下人間學習，你來人間八世了。

第一世：妳是女生，這一世妳在青樓就是現在的酒店上班，屬牛的先生是當官的，常常去青樓找妳，很喜歡妳給妳很多錢，因為妳長得很漂亮，桃花也很多，後來他本身因為當官的，桃花也很多，就和妳分手，妳們這一世的溝通就不好，很會吵架。大女兒屬兔和屬馬的，也是妳這世的桃花之一，結來的緣。

第二世：妳是男生，妳有出家在寺廟裡當到總務，還有管到財務能力很好，屬牛的是信徒，去寺廟，看到妳就很喜歡妳，還想辦法勾引妳！害妳被寺廟裡的比丘尼說話，妳很生氣，拒絕他，造成他對妳的怨恨。屬兔和屬馬的女兒，這世跟妳是一起修行的出家人。

第三世：妳是女生，腦筋聰明反應快，做生意的，很會設計別人來買妳的東西賺錢！這世屬牛的也是妳先生，他是跟著妳一起騙人的，然後賺了錢，兩人很會享樂，又把錢花光，造成妳賺錢的業障，會有很多口舌是非，這一世也把一些福報用盡，所以賺錢辛苦。

第四世：妳是女生，因為前世把福報用盡，這一世過得很辛苦，屬牛的是妳的情人，因為兩人都沒錢，一直不敢結婚，妳和家人很不和，覺得家人都幫不了什麼？又沒錢，讓妳很自卑。又造成與家人的業障，應該對家人也是意見很多。

第五世：妳是男生，妳是當老師的，除了賺錢辛苦，工作上犯口舌是非多，很不順，別人都對妳意見很多，妳有結婚，但因為很會吵架，應該是屬兔的，是妳先生，不過很早就過世，後來妳有認識屬牛的，就當妳第二位老婆，結果還是很會吵，所以屬牛的很不信任妳，沒安全感。

第六世：妳是男生，到處遠行走到哪裡？工作到哪裡，也是很辛苦，屬兔的女兒這世是妳的老婆，她跟著妳到處跑。妳覺得妳很不會說話，到處得罪人，所以一直幫妳糾正，做妳的協調者，所以也常常跟妳有口角，屬牛的是妳的好朋友，因為跟妳很好，太信任妳，最後投資妳的錢都賠了，造成他對妳金錢上也很不信任。

第七世：妳是女生，在青樓上班就是現在的酒店，妳很會說話，騙客人給妳錢，給妳小費，屬牛的是妳的客人，對妳很好很愛妳，也在妳身上花很多錢，妳的同事，心機都很重，對妳說很多壞話，或嫉妒妳客人多，這世又造了很多業障，又不肯修行佈施做功德。

第八世：就是現在這世，要圓滿家人，對家人付出，先生屬牛的為何對妳意見多，累世的相處，妳無法給他安全感，而他又對妳付出很多錢財，妳是一個很容易引發口舌是非的人，不太會說話，造成別人對妳的誤解，也不太會應酬，這都是妳這世要面對的課題，否則妳還是要繼續輪迴受苦，妳又不願多做修行佈施功德，只能說一切的苦是自己找來的啊！解鈴還須繫鈴人。

案例四十

天機 權 文曲 癸巳 友	紫微 甲午 遷	乙未 疾	破軍 天刑 丙申 財
七殺 忌 沖 華蓋 陰煞 壬辰 官	丙子年十二月一日 丑時		文昌 科 天喜 丁酉 子
天梁 太陽 紅鸞 左輔 辛卯 田	土五局		天府 忌 廉貞 戊戌 夫
武曲 天相 庚寅 福	天同 祿 巨門 辛丑 父	貪狼 庚子 命	太陰 右弼 己亥 兄

問：我忙了一輩子，好像一事無成，都快步入老年了，我會不會老無所依啊？

案例四十

詢問者相關人對象：無 073.840.121

原始是道德天尊下的童子，就是太子爺來轉世的，很會說很會跑，因此造下口業，所以常犯口舌是非，別人常常對你有意見，你和其他眾生常常有金錢上的投資和糾紛，還有很愛玩，欠了一些感情債，這些都是你被打下來學習的原因，你來人間八世了！

第一世：你是男生，你因為是太子爺轉世，所以很愛玩，人緣很好，異性緣好，結交很多桃花，對感情不懂處理，也不會珍惜，造成這一世有結婚又離婚，結交過五段感情。這一世，常常有兄弟朋友找你合夥投資，還有賺到一些錢，但不知積福報功德，也不知要圓滿眾生，投入生意有造了一些業障，不知消業障，因此又繼續輪迴。

第二世：你是男生，人緣好，異性緣好，娶了三個老婆，因為齊人之福不好享，你常常再做協調，還好你做什麼賺什麼，因為道德天尊很疼你，暗中一直助你的財，只是對你的感情，他也只能搖頭，自己看不破，又不懂得要修行，只好受折磨。這一世你很早就過世，只活到六十一歲，就心肌梗塞死了。

第三世：你是男生，你被前世的三個老婆嚇到，這一世潛意識就不想結婚，但對兄弟朋友很好，因為你累世也沒替自己做功德。這一世還兄弟朋友的債，後來錢財都是空，你沒地方住，就去投靠寺廟到老，因為這一世的坎坷，你才意識到修行和做功德的重要，所以後期有在寺廟修行，做了一些功德福報。

第四世：你是男生，你因前世有做功德福報，這一世還算好命，也是做什麼，賺什麼，還很有吃喝玩樂的運，但你還是被第二世的三個老婆嚇到，這一世也沒結婚，但桃花有好幾個，很有異性緣。

第五世：你是男生，因為前世過得還不錯，就忽略修行和做功德，這一世又過得很辛苦，常常出外遠行賺錢，都和兄弟朋友一起工作賺錢，也造了一些業障，必須圓滿。這一世你賺不到什麼錢，過得很奔波，所以，也不敢結婚。晚年又去寺廟住，又有做些修行功德。

第六世：你是女生，你人緣很好，很多桃花，你在青樓工作（就是現在的酒店），因為你出生家境窮，就把你棄養，丟在青樓附近，道德天尊要讓你去感受，當女人的辛苦，你從小看到大，你應酬手腕很好，也很會說話，所以你很會賺錢，但被姊妹淘把你的錢騙光，後來遇到爛桃花，因為被你拋棄，就把你殺了。

第七世：妳是女生，你出生在富貴之家，你因為前世為了感情被殺，你有業障病，體弱多病，家人也查不出什麼原因，找了很多醫生也治不好，這一世家人對你很好很付出，又變成你欠家人的。因為這樣，他們就幫你找一位先生嫁一嫁，因為聽說可以沖喜，結果這一世也沒有活很久就心臟病死了。

第八世：就是現在這一世，你要圓滿兄弟朋友和家人和感情喔！還有更重要的，要知道如何修行和做功德圓滿。

案例四十一

太陽 天喜 乙巳 命	破軍 丙午 父	天機 丁未 福	紫微 權 天府 戊申 田
武曲 科 華蓋 左輔 甲辰 兄	壬辰年一月二十八日酉時		太陰 天刑 己酉 官
天同 癸卯 夫	火六局		貪狼 忌 沖 右弼 庚戌 友
七殺 陰煞 壬寅 子	天梁 祿 文昌 癸丑 財	廉貞 天相 文曲 壬子 疾	巨門 紅鸞 辛亥 遷

問：我想問我感情的因果？有男友也交往很久，一直沒結果。

案例四十一

詢問者相關人對象 男友：虎 89.181.28

原始是觀世音菩薩下的文將，幫菩薩處理很多事，能力很好，但也很忙。屬虎的男友也是武將，你們很合！所以這世會結婚的機率很高，他常常幫妳很多事，最後也因此產生感情，結果你們被人陷害，要讓你們不和或分開，你們因此做錯事，被菩薩打下人間學習，妳來人間四世了。

第一世：妳是男生，妳第一世被打下來，其實妳的靈很後悔，所以就很想修行，趕快再回天上。這一世，妳很早就出家，而且出生富貴人家，生活還不錯。出家後，妳幫寺廟很多事，妳能力很好，延續在天上的能力，就是很不會管理人事，大家都對妳很有意見，因為這部份妳沒圓滿，菩薩還是讓妳繼續輪迴學習。

第二世：妳是女生，也是出生富貴人家，家境很好，妳也長得很漂亮，應該是要圓滿！前世家人的養育之恩！妳因為出家沒有和家人圓滿，妳有結婚，就是屬虎的男友，他是當官的，對妳很好，很清廉不貪汙，就是很忙，有生一女兒，很漂亮、很可愛，跟你們也是善緣，很孝順、很乖巧喔！

第三世：妳是女生，有結婚，也是和屬虎的，他也對妳很好，你們很恩愛，但屬虎的，被兄弟朋友騙去亂投資，虧了妳一大筆錢！應該是他要和兄弟朋友圓滿的。所以妳要小心他找妳的投資喔！

第四世：就是現在這世，基本上妳很簡單，沒造什麼業障，這世好好修行佈施做功德，感情的事情處理好，該圓滿，就好好圓滿，應該可以不用再來輪迴了。妳責任感很重，所以很會亂想又操勞，妳可以多唸心經，打開妳的心房，妳可以有心通喔！

案例四十二

天刑 辛巳 疾	天機 祿 紅鸞 壬午 財	紫微 科 破軍 癸未 子	甲申 夫
太陽 忌 沖 文曲 庚辰 遷		乙酉年九月二十六日子時	天府 乙酉 兄
武曲 七殺 己卯 友	土五局		太陰 陰煞 文昌 忌 丙戌 命
天梁 權 天同 右弼 戊寅 官	天相 己丑 田	巨門 天喜 左輔 戊子 福	廉貞 貪狼 丁亥 父

問：我有很多兄弟朋友，大家有事都喜歡找我處理，我真的遇到困難了，卻沒有誰能幫我？

案例四十二

詢問者相關人對象兔，蛇，豬，羊22.33.66

原始是神明底下的仙女，長得很漂亮，桃花一堆。遭到同樣的仙女嫉妒，就陷害妳，讓妳人際關係變很差，走到哪裡都被排擠，所以妳要圓滿感情和人際關係，而被打下人間學習，妳來人間五世了！

第一世：妳是女生，妳還蠻會賺錢的，能力很好，堅持自己的想法，也很會算、很龜毛，因此做人處事方面，有得罪一些人。有結婚，是和屬豬的，屬豬的對妳很好，賺的錢都給妳，但妳為了持家，又很會跟他計較囉嗦，覺得他給的不夠。搞到後來，屬豬的先生也搞外遇，妳也有外遇，是屬羊的，你們夫妻就疏於溝通，各自走各自的。

屬兔是妳兒子，後來對你們夫妻都不諒解，也跟你們很計較錢的事，這世一直沒溝通圓滿。屬蛇的是妳先生，其中一小三，這一世來當妳女兒，但後來也溝通不良分手，所以妳先生應該還蠻關心他的，但也不知如何溝通？晚年，妳有走入宗教修行，因為妳一直心事重重，還悶在心裡，覺得走不出去，又過得很不快樂，所以，妳尋求宗教，幫妳解脫。

第二世：妳是男生，妳是當官的，妳做得很清廉不貪汙，屬羊的這一世是妳的太太，在工作上很幫妳。屬豬的是找妳辦案的人，結果家人都對他收賄賂。這一世造下妳和家人的業障，需要圓滿，他們應該要對你好、要還妳才對。這世屬蛇和屬兔的也是妳的小孩，他們對妳好，會孝順妳，但是就是溝通不良。

第三世：妳是男生，出生富貴家庭，妳家人前世欠妳，這一世對妳很好，妳要什麼給妳什麼，養成妳像花花公子，因為妳桃花很多，屬豬的這世有和妳結婚，就是被妳桃花一位接著一位交往，而與妳相處交惡。屬羊的是妳交往最久的桃花，因為他能力最好。屬豬的太太氣到自己也去玩。這一世你們的感情又沒圓滿！

第四世：妳是男生，妳因為累世沒積福報，這一世好像什麼事情都掌握不住，財運也很差，遇到的兄弟朋友都想主導妳、利用妳。後來妳也沒結婚，只是桃花，一位交過一位。晚年因為什麼都沒有，就在寺廟修行佈施，做功德度過一生。

第五世：就是現在這世，妳因為前世有做功德佈施，所以出生在很不錯的家庭，但是就是夫妻感情要圓滿，和兄弟朋友間的相處，與小孩間的溝通，這都是妳這一世必須圓滿的課題，用妳的智慧好好處理！還有，要多做功德佈施，希望可以不要再來輪迴了。

案例四十三

武曲 破軍 官 丁巳	太陽 文昌 友 戊午	天府 左輔 天喜 右弼 科 遷 己未	天機 忌 太陰 權 陰煞 文曲 疾 庚申
天同 田 丙辰	戊寅年四月二十二日 辰時 金四局		紫微 貪狼 祿 財 辛酉
福 乙卯			巨門 華蓋 子 壬戌
忌 沖 父 甲寅	廉貞 七殺 紅鸞 命 乙丑	天梁 天刑 兄 甲子	天相 夫 癸亥

問：我很努力生活，也常常在幫人，到現在卻什麼都掌握不住？好像一場空？

案例四十三

詢問者相關人對象：無 15.16.22

原始是神明底下的仙女，個性很好勝、好強，有和人產生感情，一談感情，佔有慾又很強，在處理仙女們的事情，因為妳好勝的個性，想要壓倒對方，就用心機設計對方，結果不小心！害死了人家，被神明打下人間學習，妳來人間九世了。

第一世：妳是女生，延續在天上的個性，很會亂想，又容易鑽牛角尖，妳很愛賺錢，任職業務員常跑來跑去。這一世妳當人家的小三，妳為了感情和賺錢，不斷設計人，造很多惡緣，自己後來想不開就自殺。這一世他遇到不順，也常常會想要自殺。

第二世：妳是男生，長得很斯文，所以桃花很多，妳是當老師的，還是很會鑽牛角尖。這一世桃花很多。可是，妳還延續前世，很會鑽牛角尖亂想，也不做佈施功德，幫自己轉運，桃花有的，又是有家庭。這世，是死於意外之災！

第三世：妳是男生，什麼東西都想賺、都想賣，完全靠自己，到處跑來跑去！這一世有結婚，但是妳長期在外，和先生是聚少離多，造成你們都各有各的婚外情。與家人疏於照顧，可是因為累世，都不做佈施功德，賺錢很辛苦，甚至都沒存什麼錢，晚年淪落到廟裡住。

第四世：妳是女生，這一世妳有做生意，但遇到壞朋友，害妳生意倒閉！後來妳也是去廟裡住，但還是很鐵齒，不做佈施功德，只想有個地方住就好，幫幫寺廟裡的工作。

第五世：妳是女生，在青樓上班，就是現在的酒店，妳是賣藝的，所以第九世是音樂老師，妳長得很漂亮，很會騙客人的錢，所以還蠻會賺錢的。妳就這樣桃花，一個換過一個，造成妳的感情都不會很順，也就這樣過一生。

第六世：妳是女生，累世沒積福報，這一世過得更辛苦，是當乩童的，很勞碌奔波，財運都留不住，妳還有對一些人斂財，更造了一些業障，所以妳有敏感體質，還好這世有結婚，他常常支助妳錢，但後來也受不了，就跟妳離婚。妳晚年也是沒錢，最後還是去廟裡住，一樣不做功德佈施，死於意外之災。

第七世：妳是女生，因為妳前世當乩童，一開始還有幫一些人而有些福報，所以有錢，生活還蠻好過的，就因為前世死於意外之災，腦筋好像容易放空，不知自己在做什麼。這一世有結婚，跟先生也是聚少離多，一見面就很會吵架，妳與家人都不和。

第八世：妳是男生，這世當官的，有異性緣，而且桃花都會自動給妳錢，這一世，妳對家人很照顧，也會給家人錢，就是因為桃花太旺，也沒有結婚。

第九世：就是現在這世，妳可能要圓滿家庭，感情坎坷常常會遇婚外情？這些都要用妳的智慧走出來，了結累世的問題，才能有美好的人生或好命的下一世。

案例四十四

天相 天刑 癸巳 疾	天梁 甲午 財	廉貞 七殺 華蓋 乙未 子	紅鸞 丙申 夫
巨門 祿 忌 沖 文曲 科 壬辰 遷			丁酉 兄
紫微 貪狼 辛卯 友			天同 陰煞 文昌 忌 戊戌 命
天機 天喜 太陰 右弼 庚寅 官	天府 辛丑 田	太陽 權 左輔 庚子 福	武曲 破軍 己亥 父

問：我覺得我很歹命，辛苦一輩子了，值不值得啊？

案例四十四

詢問者相關人對象：無 女兒：屬鼠 8.9.8

妳原始是千手千眼觀世音的弟子，很單純、愛玩，妳這世的先生是武將，你們兩位互相看上眼，產生感情，被菩薩打下人間。應該說，妳先生先被逐出，妳又放不下他，菩薩原先很疼妳，看妳動了情，為了幫他，動用公款支助他，乾脆把妳一起趕下人間歷劫去，兩人接受磨練。妳應該才來三世，妳和妳先生要圓滿到六世。

第一世：妳還是很單純善良，但是有被懲罰很嚴重，就是妳先生，也是追妳、娶妳。因為妳當時為他挪用公款！所以，他對妳很好，給妳很多錢。但妳對兄弟朋友很好，兄弟朋友知道妳善良好騙，就騙妳的錢或投資，害妳把妳先生的錢都被騙光！當時他為了賺錢，是去外地工作的，回來才知道房子和妳都不見了。屬鼠的女兒，也是當下騙妳的其中一位朋友，也跟妳最好，其實不是騙妳，一開始有助妳的財，是真的投資失利，所以這世會助妳很多錢還債喔！那屬鼠的是當時她爸爸都長期在外工作，很貼心的一直幫妳、照顧妳喔！所以妳這世也對她有很多牽掛！

第二世：妳幫菩薩通靈辦事做功德，菩薩怕妳輪迴太久，協助妳趕快把功德修完，結果妳又遇到妳先生，他來當妳的文書（筆生），他卻渾渾噩噩過日子，全靠妳養，當然妳第一世把他的錢都花光，妳必須還他，所以妳也很心甘情願地幫他，這一世他全靠妳資助。妳辦事辦得很好、很準，也很有錢，這世不缺錢。這世屬鼠和屬蛇的女兒是你們旗下的弟子，協助妳很多，是幫妳賺錢結來的好緣。

第三世：這世菩薩還跟著你，因為妳前世功德還未修圓滿，這世剛開始，還蠻快樂，有得吃有得玩，妳都不會想很多，很單純的安逸過生活，遇到妳先生時，到剛開始結婚後好幾年，過得還不錯，後來就為他陸陸續續負債，應該 109 年就還完，反過來他又會賺錢給妳喔！或妳經濟會比較好了。妳這樣累世就是要圓滿眾生，和妳與先生的感情，到妳對他可以放下，一切才會開運。

案例四十五

巨門 忌 乙巳 福	廉貞 天喜 右弼 華蓋 文曲 丙午 田	天梁 文昌 華蓋 文曲 丁未 官	七殺 左輔 戊申 友
貪狼 甲辰 父			天同 科 己酉 遷
太陰 祿 癸卯 命	局		武曲 庚戌 疾
紫微 天府 壬寅 兄	天機 科 天刑 癸丑 夫	破軍 紅鸞 壬子 子	太陽 忌 沖 辛亥 財

問：我在公司是管理職，卻越管越累，我都不知要如管下去了？

案例四十五

詢問者相關人對象：無 64.41.7

原始是神佛底下的仙女，妳專門在處理亡魂和仙班們的總務，妳很龜毛會唸，得罪一些人，然後也搞不定她們，妳對妳的上司神明也很有意見，所以被打下來人間學習，妳來人間九世了。

第一世：妳是女生，這世妳很會賺錢、很會算。所以遇到的人也很會跟妳算和計較，妳遇到的兄弟朋友也很會龜毛妳。有結婚，先生對妳很好，兩人也很努力賺錢持家。你們忙於賺錢，對家人疏忽關心，這世妳造了與兄弟朋友間的業障，與欠家人的關心照顧。

第二世：妳是男生，這世是當官的，有收賄賂和誤判，這世娶了三個老婆，她們都跟妳計較錢的事。因為她們覺得妳收賄很多錢，妳要給她們的又斤斤計較。然後因為懺悔害怕，就晚年有佈施做功德給寺廟，這一世與家人常常吵鬧，不甚其煩。

第三世：妳是女生，因前世多少有做佈施功德，這世妳也很努力賺錢，有賺很多錢，但不敢結婚，可能有殘留記憶，前世娶了三個老婆，常常擺不平而嚇到。也怕遇到的另一半是為了妳的錢而沒結婚。

第四世：妳是男生，因為前世沒做佈施修福報功德，這世很辛苦，都賺不到錢，長年奔波在外，甚至當到戰將，我是妳的指揮官，妳因為上戰場，所以有造了一些殺生業，這世妳沒結婚，就這樣過一生，後來我出家修行，妳也跟著我入佛門。

第五世：妳是女生，妳出家當到總務，幫寺廟管錢管很多事每天都很忙，但也很會算，很計較，給比丘尼的生活費。後來造成大家對妳的反感與不服，是我出來為妳解圍的，就這樣過一生。

第六世：妳是男生，很辛苦很勞碌，常常單打獨鬥，因為妳賺錢辛苦，所以和兄弟朋友也很會算，會計較，造成沒什麼兄弟朋友，或遇到賺錢的事，就很會犯小人。甚至女人覺得妳太會算，而不想和妳結婚。妳就這樣孤獨過一生！

第七世：妳是男生，這世妳出家，很愛玩，有錢就到處玩，也沒存很多錢，也是和團體處得不好，就想說自己好好修，把自己的工作做好就好，與人的互動和人際關係很差。

第八世：妳是男生，又是一位戰將，長年在外打仗，也沒照顧到家人，也沒結婚，所以妳很適合當業務，很有衝勁和企圖心，但是就是讓人覺得妳很會算很愛錢。晚年也是在廟裡住，度過餘生。

案例四十六

天府 癸巳 夫	天同 太陰 天刑 文昌 忌 甲午 兄	武曲 貪狼 華蓋 乙未 命	太陽 巨門 陰煞 文曲 祿 科 權 丙申 父
壬辰 子		辛亥年十月一日 辰時	天相 丁酉 福
廉貞 破軍 辛卯 財	金四局		天機 天梁 戊戌 田
庚寅 疾	左輔 右弼 辛丑 遷	忌 沖 庚子 友	紫微 七殺 己亥 官

問：我覺得我的人生很勞碌，怎麼做都無法歇息？

詢問者相關人對象：無　828.214.511

案例四十六

原始是神明底下的仙女，專門在管錢財的事，妳因為抓到有人濫用公款，害他被打下人間受罪，要被打下之前，就對妳下很大的重誓與詛咒，要讓妳都會遇到錢財糾紛和不順，還有身體不健康，毛病很多。因為妳管財務，和與人之間的相處，都很難處理好，還是都會有些問題。最後被打下人間學習，妳來人間九世。

第一世：妳是男生，妳因為家庭是宗教世家，自然而然很早就進入寺廟修行幫忙寺務，這一世妳的家人有人出家。可是妳延續在天上遇到同樣的問題，其實妳都很熱心，很愛幫人家，到頭來別人對妳是不諒解的，造成很多口舌是非，這是妳要面對學習的，可是妳沒有圓滿，最後妳是放棄不管的。妳因為求好心切，可是又達不到妳的理想，後來抑鬱而終，身體也很不好，這一世活很短，好像只到四十九歲。

第二世：妳是女生，因為前世在寺廟有做一些福報，這一世財運很好，做什麼賺什麼。妳有結婚，嫁一位很好的先生，唯一的缺點是欠兄弟朋友債，兄弟朋友也都會找你們投資，但大部分是賠錢的，是要妳看清和學習兄弟朋友的相處，這一世是很好命的，還有得吃，有得玩，有得享受，晚年還會懂得多做佈施功德。

第三世：妳是男生，妳是當官的，也出生富貴之家，家人都對妳很好，因為妳當官清廉自守，可是家人暗地裡都收賄賂，害妳擔了一些業障，所以妳要小心做事，不能太掉以輕心，否則會遇到官司的事。這一世妳娶的老婆，也很會計較小氣，大家對妳很好都是因為，可以從妳身邊要到好處和賺到錢，所以這一世妳過得很不快樂。

第四世：妳是女生，這一世家境清寒，所以妳很辛苦，甚至到青樓上班（就是現在的酒店），妳長得不錯人緣好，很多同事都很嫉妒妳，所以妳很常犯小人，還犯口舌是非，後來遇到一位很有錢的客人，就包養妳、給妳錢。還好妳晚年也有修行佈施，所以晚年還平順過日子。

第五世：妳是男生，很奔波勞碌過生活。因為家裡沒錢，所以妳都靠自己，長期在外奔波辛勞，也不敢交女朋友和結婚，就這樣過了一生。

第六世：妳是男生，出生家庭是當官的，妳圓滿得差不多，妳很會賺錢，賺很多錢，然後妳有在修行，做功德佈施，這世看得比較透，也不想結婚。這一世晚年，過得比較像修行人的生活，就這樣過一生。

第七世：妳是女生，因為前世有修行累積福報，所以這世的錢，也很多很富有，很有異性緣，但還是不結婚，因為妳，也不會為錢煩惱不缺錢。妳也很獨立，都靠自己的，妳還是有在修積福報，所以妳靈性算蠻高的，還蠻甘願做甘願受的。

第七世：妳是男生，妳很快就出家修行，這一世妳和家人無緣，很早就想出家，在寺廟當到總務，理財管理出家眾，很忙碌，這中間又造了很多業障，人與人之間相處的口業，也是要讓妳學習在天上未圓滿的事情，應該神佛也想讓妳回天上，不要再人間輪迴。

第八世：妳是男生，也很會賺錢，這一世要圓滿家人，家人有什麼事都要找妳，很依賴妳，妳被家人煩到也不敢結婚，就是努力賺錢養家，又因兄弟朋友會助妳的財，有的對妳很有意見，這些都是要圓滿的。

第九世：就是妳現在這一世，妳的人緣好，異性緣也很好，會有幾段感情，看妳自己如何圓滿，兄弟朋友間，與家人間，這些如果妳有機會走出來，可能可以不用再來輪迴了。

案例四十七

天機 己巳 遷	天刑 紫微 庚午 疾	辛未 財	破軍 權 陰煞 壬申 子
七殺 文曲 戊辰 友		甲戌年十月十六日 子時	忌 沖 壬酉 夫
太陽 忌 天梁 丁卯 官	火六局		廉貞 祿 文昌 天府 華蓋 甲戌 兄
武曲 科 天相 丙寅 田	天同 左輔 巨門 右弼 丁丑 福	貪狼 丙子 父	太陰 乙亥 命

問：我對家人和朋友都非常好，可是最後他們都不領情，還把所有事情的錯，都怪到我身上，我都很委屈得過一生了，何時可以得到回報啊？

案例四十七

詢問者相關人對象：先生：雞 小孩：雞、兔、蛇 媽媽：蛇 婆婆：蛇

11.10.16

原始是千手千眼神明底下的仙女，對感情很執著，喜歡上先生屬雞的，他對妳很好！也一直幫助妳，屬蛇的媽媽和婆婆也對妳很好，也常常幫妳，媽媽屬蛇和屬蛇的小孩是仙班內的好姊妹，婆婆也是仙女。但她比較貪心，他都會想要從妳身上得到好處？還好像是理所當然的。妳很龜毛、要求完美，所以妳所到之處，都是事情很多的！妳也很貪心，要把所有事情都完成給神明看，急於表現，應該說求好心切（我覺得當妳家人或朋友很好！因為可以很輕鬆，什麼事情都不用做）妳很多事都攬來做！

妳事情會做不完，都是妳自己造成的。妳產生感情，還有把事情做錯，妳被打下人間學習，妳來人間六世了。

第一世：妳是女生，長得很漂亮，人緣很好，妳一貫在天上的作風，兄弟朋友的事都喜歡管，喜歡做，常常搞得自己很忙，妳有結婚，也是屬雞的先生，他對妳很好，很信任妳，所以什麼事也都讓妳做主去處理。妳的小孩都很孝順妳，屬蛇的因為妳很疼她，造成她也對妳很要求，因為感情很好，所以她覺得妳給他也是應該的。這一世妳為了賺錢，有時會對人講些善意謊言。妳很會賺錢，但沒有累積福報，因為妳的善意謊言折損妳很多福報。

第二世：妳是男生，當一地方小官，因為妳的愛管閒事，雜事也很多，妳真的都忙得不可開交，都為兄弟朋友而忙，還忙到最後，是沒結婚的。但因前世沒積福報，這一世忙到頭來也沒存什麼錢，你媽媽是妳的好朋友，和屬蛇的婆婆是妳媽媽，她們都看妳沒錢，都會給妳錢幫助你，但婆婆這一世也是嫁妳公公，妳公公很會賺錢，她很好面子，就閒來無事學會打牌，這一世還有些福報，沒有輸很多錢，甚至還會贏錢。

第三世：妳是男生，過得更辛苦，還賺不到錢，妳先生屬雞的，是妳很好的兄弟，幫妳很多，也資助妳很多錢財，因為他看妳很辛苦都賺不到錢。妳也因為沒錢就不敢結婚，而且妳工作上都會有很多口舌是非，做得很辛苦。妳這世在一位官人家做打雜的，也是雜事很多，讓妳做不完。

第四世：妳是男生，妳是當漁夫，妳先生屬雞是妳的廠商，都跟妳買魚，是很好的客人變好朋友，也不會跟妳殺價，很助妳財運。所以妳應該欠他很多，這一世當夫妻，就是要無怨無悔付出。這一世妳也沒結婚，但妳因為職業常常殺生，身體後來很不好，妳有去千手千眼觀世音的廟當義工做佈施功德。

第五世：妳是女生，因前世有做佈施功德，這一世算很好命，很有吃喝玩樂的運，只是家人雜事很多，都喜歡找妳處理。妳很有貴人，但有點吃喝玩樂過頭，和說話常說錯話，損失福報，這一世因為還很不錯，就沒想到佈施功德。

第六世：就是現在這世，會有錢，但就是別人對妳意見很多，妳也很勞碌，家人什麼事都找妳、煩妳，累世妳要圓滿哪些人？妳自己應該好好思考，搞不好可以不用再來輪迴，還有妳和千手千眼觀世音有緣，有事情可以求祂就好，不要亂跑了！

案例四十八

文曲 紅鸞 命 己巳	天機 右弼 陰煞 父 庚午	紫微 破軍 權 福 辛未	左輔 田 壬申
太陽 忌 戊辰	甲戌年五月十日 丑時		天府 文昌 官 癸酉
武曲 七殺 科 夫 丁卯	木三局		太陰 華蓋 忌 沖 友 甲戌
天同 天梁 子 丙寅	天相 天刑 財 丁丑	巨門 疾 丙子	廉貞 祿 貪狼 天喜 遷 乙亥

問：我離婚了，工作上一直和人格格不入，相處不來，我都懷疑自己有沒有問題了？

案例四十八

詢問者相關人對象 前夫：鼠 11.5.10

原始是在天上專門幫神明處理執法工作，因為有些仙班弟子會怕妳，就想辦法賄賂你，用感情和錢引誘妳，妳後來這二樣都逃不過，落入陷阱！為此而犯法被打下人間學習，妳來人間八世了。

第一世：妳是女生，長得很漂亮很有人緣，有很多男生喜歡妳對妳很好，有的一樣用金錢引誘妳。這一世出生富貴之家，也不用煩惱沒錢，所以桃花一個接一個，欠了很多桃花債，妳也很有個性，交往一段時間，不喜歡就分手，後來就沒有結婚。妳為了妳的感情不順，還有在修行唸經做功德，妳家人對妳很好很疼妳，造成妳很任性，這一世也變成欠你家人的債。

第二世：妳是男生，前世有修行佈施做功德，所以這一世出生的家庭也還不錯，但妳這世就在還前世欠的桃花債，所以妳常遇到為了妳的錢的桃花，讓妳感情很不順，因此妳這一世也沒結婚，妳對錢比較執著計較，也為錢財造了一些業障，甚至被人設計，也影響妳的思考，很會鑽牛角尖。這一世活得很不快樂，只活到三十八歲就生病往生了。

第三世：妳是男生，妳是戰將，應該有當到將軍，妳長期在外打仗，有結婚，但妳老婆不甘寂寞，有了外遇，被妳發現，妳請屬下把對方綁起來毒打一頓，卻被對方下很大的重誓，要妳生生世世感情不順，也造成妳在轉世，遇到感情的事，就會很執著放不下，但這是殺生業重，又不懂得修行佈施做功德，影響下一世輪迴生活更辛苦。

第四世：妳是男生，妳本來家裡有錢，都被妳揮霍敗光，妳桃花一個接一個，後來就直接靠女人吃飯，所以這世妳又欠了一些感情債需要圓滿。

第五世：妳是男生，這一世妳出生清寒家庭，因為前世沒有修行福報功德，從小生活貧苦，常常去廟裡幫忙當義工有飯吃，後來就學會當乩童辦事，有些騙財騙色，有時又會良心不安去做功德，就這樣過一生。

第六世：妳是女生，前世不知修行做功德，所以這一世出生貧窮家庭，後來去青樓上班，又為了錢騙一些男人，有時還破壞人家的家庭，妳感情還是一直不順，最終找不到一位你滿意的，也沒有結婚，一輩子辛苦坎坷，老年有去廟裡，當義工修行佈施，算是懺悔自己年輕做錯的事，也在寺廟終老。

第七世：妳是女生，但因為出生貧窮家庭，妳很努力，一開始賣藝維生，很會表演跳舞，很會賺錢，就被一位當官的喜歡上，娶回家當二太太，可是妳因為對感情的執著，佔有慾很強，常常使一些花招害大老婆，善用心機，甚至找人作法害大老婆，因為自己的心念問題，每天過得很不快樂，後來也得到報應，是反噬，被人作法害死。

第八世：就是現在這世，真的是感情路很坎坷，欠家人的債，有結婚也離婚，家人缺錢都找妳，個性還是延續累世容易想不開或打結，工作上又常常被人作法。一切的坎坷，都是累世種下的因果，希望妳早日想開放下，好好圓滿，如果還是要來輪迴，至少修得下輩子好命一點。

案例四十九

太陰 科 天刑 丁巳 夫	貪狼 忌 紅鸞 戊午 兄	天同 巨門 文昌 文曲 權 己未 命	武曲 天相 庚申 夫
廉貞 天府 丙辰 子	癸酉年九月九日 卯時		太陽 天梁 辛酉 福
乙卯 財	火六局		七殺 陰煞 壬戌 田
破軍 祿 右弼 甲寅	華蓋 乙丑 遷	紫微 忌 天喜 左輔 沖 甲子 友	天機 癸亥 官

問：我與家人的因果。

案例四十九

詢問者相關人對象父：虎 母：兔 太太：雞 子：馬　10.9.9

原始是彌勒佛身邊的護法，都是駐守在很遠的地方，幫神佛執行任務的，雜事很多，因為在外地，很多事情都自己在處理，很忙、很雜四處跑的。執行任務中動了情，喜歡上屬雞的，是這世太太，後來相處後，才知個性不合。屬虎的爸爸，在天上跟你是，很好的同事，屬雞的媽媽，在天上是很好的管家，屬馬的兒子，是跟你一起修行的道友。你應該來六世了。

第一世：就跟在一個宗教團體一起修行了，是男生，但個性就是一心二用，不是很穩定，跟裡面的道友，很會說話聊天，其實是想做協調，造成很多口舌是非，後來自己待不下去就離開，出去自力更生賺錢，又認識這世的老婆屬雞的，沒有結婚，就一起共同生活。後來高血壓或腦充血往生，這世就是眼睛和肺部也不好。

第二世：這世是女生，就很愛賺錢，事業心很重，很龜毛，自我要求太高，造成和兄弟朋友間不和，這世沒有很多朋友，重點在事業上，這世你屬雞的老婆是男生，跟你很談得來。你這世也沒結婚，事業心重，有賺到錢，還蠻有錢的，後期有去修行，修得還不錯，這世屬虎的爸爸，跟你是很好的同業，也助你很多錢。你媽媽屬兔的，是跟你很會計較、有心機的兄弟朋友。

第三世：也是女生，腦筋聰明，很會賺錢，也是沒結婚，有同居人而已，屬雞的太太這世很助你財，她應該是男生，也是你這世結緣很久的同居人。這世你媽屬兔，因為前世有陷害你，騙你的錢，這世還你債，助你很多錢，她好像是男生，當官的，但是還是很會算很自私。這一世你爸爸屬虎的，也是你爸爸，他有當官，對你很會管，你受不了就離家，晚期去修行，有積很多福報。

第四世：你是男生，做生意，做很大賺很多錢，雜事很多，每天都很忙，你是這世跟我結緣學算命的，當我的學生，因為太忙，也學一半沒學完。這一世你沒結婚，屬雞的太太和你同居，因沒有明媒正娶，沒安全感，所以跟你常吵架，吵到你自己，也嚇到更不敢結婚，甚至於你都故意往外跑。這世，你的員工也意見很多，問題很多，造成你不想協調了，這世，你種下你和你老婆，和員工，沒協調好，沒圓滿，因為你選擇逃避。這世，是心肌梗塞死的，大概只活六十歲。

第五世：你有當官，工作上常常有口舌是非，大家對你很有意見，工作上，人與人之間，的相處問題需要協調，也很忙碌。有娶太太，就是，你現在的老婆，感情很好，但因為你工作忙碌，也常常聚少離多而吵架。最後你對工作，和感情受不了，一直協調不好，你又放棄，跑去修行了。

第六世：就是現在這世，你會賺很多錢，但你要離家或靠自己才會賺到錢，可是，你要圓滿和屬雞的老婆累世的爭吵和不協調，這世，的父母對你是很呵護的，小孩屬馬，也是結善緣，不會造成你很大的困擾，還有你工作上，同事與客戶間的溝通協調不能再逃避了，要學習協調，你要懂得把一些雜事、雜念放下，夫妻相處處理好，安住她的心，你才能開運。

案例五十

天相 己巳 夫	天梁 忌 沖 文曲 庚午 兄	廉貞 祿 七殺 紅鸞 辛未 命	文昌 壬申 父
巨門 天刑 華蓋 戊辰 子	甲申年八月十日 寅時		癸酉 福
紫微 貪狼 右弼 丁卯 財	土五局		天同 甲戌 田
天機 太陰 丙寅 疾	天府 天喜 丁丑 遷	太陽 忌 陰煞 丙子 友	武曲 科 破軍 權 左輔 乙亥 官

問：我想瞭解自己的累世因果，與其他人要如何相處？

案例五十

詢問者相關人對象父：雞 母：鼠 姊：牛 妹：龍 弟：猴 21.20.10

原始是神明底下的弟子，常常幫神明護送文書去給人的，所以文書與業務都很適合妳，算勞碌命的女生，在神明和弟子間做協調溝通的，就是沒做好，被打下人間學習。父親屬雞在這一世是妳的弟子一員，母親屬鼠是妳的好夥伴，跟妳蠻好的，姐屬牛的，也算是妳的夥伴，但跟妳有錢財糾紛。屬龍的妹妹自我意識高，喜歡駕馭妳，她也是妳的夥伴，但一直覺得她能力比你好，常常對妳有意見，或聚少離多。屬猴的弟弟，這世是妳兄長，相處得很好，有什麼話都會跟妳談。妳來三世了，基本上，妳沒做錯很大的事，好好修就可回去天界，不用再來輪迴。

第一世：妳很有錢，是女生，很會理財，很會投資，都會賺錢。能力很好，經常忙於工作賺錢，太獨立了，有人介紹男友給妳，妳還不要，這世妳沒結婚，把自己規劃得很好。

第二世：這世妳是男的，是書生，有結婚，娶的老婆好像是妳屬牛的姊姊，但妳外面有一小三，屬牛的太太就很怨恨，不斷想辦法要挖妳的錢，不然她沒有安全感。妳這世的兄弟朋友，對妳還不錯，跟妳是結善緣的，所以跟妳這世，常會有意見，甚至會有錢財的問題。

第三世：這世，就是現在這世，妳很容易不婚，妳只要努力工作出差，妳的財運都會不錯，就是要多跑，越遠越好。只是要圓滿兄弟朋友間的相處，多少都會對妳有意見，說些私下的話。妳很簡單，不喜歡複雜，沒事會喜歡出去走走就好，很獨立，也把自己規劃得很好，這世，也是有錢人的。這世，屬鼠的媽媽會比較粘妳、依賴妳，喜歡什麼事都講給妳聽。妳圓滿了，不造業障，應該這世也是最後一世喔！

案例五十一

<table>
<tr>
<td>癸巳 友</td>
<td>天機 文曲 科
甲午 遷</td>
<td>紫微 破軍 華蓋
乙未 疾</td>
<td>文昌 紅鸞 忌
丙申 財</td>
</tr>
<tr>
<td>太陽 左輔 權
壬辰 官</td>
<td colspan="2" rowspan="2">辛未年一月六日 寅時
土五局</td>
<td>天府 天刑
丁酉 子</td>
</tr>
<tr>
<td>武曲 七殺
辛卯 田</td>
<td>太陰 右弼
戊戌 夫</td>
</tr>
<tr>
<td>天同 天梁 天喜 陰煞 忌沖
庚寅 福</td>
<td>天相
辛丑 父</td>
<td>巨門 祿
庚子 命</td>
<td>貪狼 廉貞
己亥</td>
</tr>
</table>

問：我想瞭解我的累世。

案例五十一

詢問者相關人對象：無 8.13.6

原始是在神佛身邊的總管，管很多很雜，所以能力很好，又很會理財，很會算。就是很有能力又長得帥，風度翩翩，就引來一些桃花。然後，兄弟朋友很嫉妒，就故意設計你，錢財管到出問題，被打下人間學習，你來人間七世了。

第一世：你是位書生，是男生，文質彬彬，靠教學，收學生賺錢，這世出生，清寒家庭，有結婚，太太也是賢妻良母，幫你持家。你這世，要圓滿家人和學生，也要學習和團體如何協調。後來得肺病死了，但活得很久，有八十幾歲。

第二世：這世也是男生，家人很疼，所以很有個性，自我意識很強，做生意的，有結婚，但忙於應酬，和有些愛玩，忽視夫妻間的相處，後來太太有幫你生小孩，生完三個小孩，生完，就離婚了，所以這世你造了要圓滿夫妻和小孩的業。

第三世：這世你也是男生，做生意的，很聰明，很會應酬，到處跑，很忙碌。可是，你遇到的兄弟朋友覺得你比他們好，就算計你，騙你的錢，後來你有修行佈施，你學著對兄弟朋友放下。這世又因為忙著事業，疏忽妻子和小孩，讓你覺得很愧疚。

第四世：這世也是男生，過得比較辛苦，你還是遇不到好的兄弟朋友，加上延續，上輩子的情形，常被兄弟朋友害，所以你不相信人，很多事情都靠自己，然後桃花多，自己又很重感情，欠了些桃花債。這世也是離婚的，因為你也不珍惜夫妻感情。晚景淒涼，沒錢，後期是在寺廟收留下過完餘生。

第五世：這世也是男生，生意做得很好，又很有錢，這世的老婆很年輕，差你很多歲，兄弟朋友還是很會算計你，但你已經學會！怎麼處理，這世也懂得積福報和佈施。但是因為長期勞碌，造成身體健康問題，心臟和腎臟出問題，晚年有一段時間都在養病，後來還是死於心臟病。

第六世：你是女生，財運不怎麼好，但先生常常與你聚少離多，為了賺錢，還好，賺很多錢，養你和家，這世你是當賢妻良母的，教育好小孩子，都很有成就，也對你孝順。晚年你有在修行，福報還不錯。

第七世：就是這一世，你也是女生，很愛玩，與家人無緣，獨立靠自己，這一世的先生也很會賺錢養家，你欠家人的債，要好好圓滿這一世的家人。

案例五十二

天梁 乙巳 兄	七殺 丙午 命	左輔 右弼 丁未 父	廉貞 陰煞 天喜 戊申 福
紫微 天相 甲辰 夫	丁丑年四月六日 亥時		忌沖 己酉 田
天機(科) 巨門(忌) 文曲 癸卯 子	水二局		破軍 庚戌 官
貪狼 紅鸞 壬寅 財	太陽 太陰(祿) 癸丑 疾	武曲 天府 天刑 壬子 遷	天同(權) 文昌 亥 友

問：我與先生的因果要如何圓滿？

案例五十二

詢問者相關人對象：先生：兔 友：兔 14.16.6

原始是神明來轉世，在天上處理很多事都沒處理好，尤其是錢財的事，亂同情人，亂發錢給人，也和護法屬兔的產生感情，被打下來人間學習，所以，好好修持，妳會有能力，和很好的第六感去幫人，但也要小心容易揹到，妳來人間七世了。

第一世：妳是男生，是位將士，常常上戰場打仗，這世屬兔的先生是妳的太太，幫妳持家、幫妳賺錢，生了四個小孩，其中一個是屬兔的朋友，這四個小孩，跟妳先生會是結善緣，但跟妳的姻緣，是因為妳長年打仗，出門在外，沒有照顧到小孩，所以，妳會是欠小孩的債，當妳遇到他們，都會破財，或又成為妳的小孩，會讓妳很付出喔！妳就這樣過一生。

第二世：妳是男生，當老師的，教很多學生，這世妳屬兔的先生，跟妳是情人而已，妳沒結婚，因為妳教得很辛苦，然後有一些還是對妳很有意見，妳因為教育學生而錯過結婚。

第三世：妳是男生，是縣令身邊的文書官，處理很多事情，每天都很忙，屬兔的先生，又是妳這一世的太太，是賢妻良母，很幫妳持家，但有些人的案件妳沒處理好，所以造了兄弟朋友間的業障，他們對妳也很有意見，表面上跟妳是好的，私下都會說妳一些壞話或阻礙你。

第四世：這一世妳是男生，屬兔的先生也是男生，妳們是很好的朋友，也是合夥人，一起賺很多錢，而且是做海運的，到處跑或跑很遠，忙於事業和賺錢，你們兩人這世都沒結婚，賺很多錢，後來晚年，錢都佈施出去，兩人在寺廟度過餘生。

第五世：妳是女生，因為前世有佈施功德，長得很漂亮，又出生富貴之家，家裡太有錢了，也不敢亂嫁，屬兔的先生又是妳這世的桃花男友，相處有十九年，後來因為吵架不和，他就離開遠行。所以這世妳們偶爾也會吵架，驗證看看～結婚每到四年、九年、十四年、十九年、二十四年、二十九年～都會突然容易吵架。這世要好好圓滿，因為之前的緣都很好。

第六世：妳是女生，有幫神明辦事，屬兔的先生也只是妳的桃花，你們同居而已，生了前一世的四個小孩，跟妳很不和，這一世妳是要和他們圓滿的，但好像還是溝通不良。他們妳都教不好，然後很會花妳的錢，妳甚至為了他們動用神明的錢。

第七世：就是這一世，妳只要賺錢的事都很犯小人，妳要修，要多做功德佈施，才不會辛苦的過這一世，跟先生和小孩和兄弟朋友間也要圓滿。能不能不要再來輪迴，就靠妳的智慧走出來了。

案例五十三

天同 權 財 乙巳	武曲 天府 左輔 子 丙午	太陽 華蓋 太陰 祿 夫 丁未	貪狼 右弼 兄 戊申
破軍 紅鸞 疾 甲辰		丁亥年三月二十九日 未時	天機 科 巨門 忌 命 己酉
文昌 忌 沖 遷 癸卯	木三局		紫微 陰煞 天相 天喜 父 庚戌
廉貞 友 壬寅	官 癸丑	七殺 田 壬子	天梁 天刑 文曲 福 辛亥

問：我想問我與家人的累世因果。

案例五十三

詢問者相關人對象：父：猴母：雞姊：鼠，兔 84.75.89

原始是神身邊的兵將，很愛玩又很會算，後來盜用公款被處罰，下來人間學習。你是兵將，裡面頭腦最聰明的，常有一些很好的計謀。神佛很賞賜你，對你很好。你因為愛玩、愛享受，花過頭，就挪用公款，神佛很想栽培你、疼你。為此，還掉眼淚，把你打下人間，還不太敢讓你吃很多苦喔！你因為記恨，就不太相信神的威力，或潛意識會怕，不敢面對神佛。你來人間五世了。

第一世：你是男生，這世你當官，財運也很好，神佛要你瞭解，當領導的難處，結果，你延續在天上的習性，還是很會盤算、計較，光是管理自己的人員，就還是協調不好，造成很多業障和口舌是非，他們都覺得，你只為自己好而已，所以，你經常遇不到好的朋友，你的朋友都先為他自己好，較自私。這世，你娶了兩個老婆，也因為你都擺不平，後來她們都跟你要錢離婚。

第二世：也是男生，做貿易的或買空賣空的生意，常常跑很遠。這世，比較勞碌，跟兄弟朋友和家人都處得不好，財運也不順。

第三世：這世是男生，過得更辛苦，與爸爸這世就不和，你爸爸很會要求你、龜毛你，每天忙著工作賺錢養家。這世就是你爸爸有小三，後來把你的錢都騙光，因為你都拼命在賺錢養家。這世忙於工作賺錢，所以也沒結婚。這世，屬龍的朋友是你的好朋友，助你賺很多錢。

第四世：這世也是男生，很會賺錢，但都是用心機賺的，或類似賺利息錢，所以很好賺，又很會享受亂花。這世有結婚，但老婆後來把你的錢都騙走了，遠走高飛喔！這是你心中的痛，因為你就是自顧自地愛玩，不懂得與太太溝通和珍惜她。

第五世：就是這世，你努力賺錢，也會有錢，你爸爸因為前三世她的小三，把你的錢都騙走，這世賺很多錢給你，但是，你就是要圓滿和他的溝通，要小心！你爸爸的小三，還是會想奪走你的錢還有感情，會很不順，只有自己想辦法，用智慧走出來。

案例五十四

天機 己巳 疾	紫微 庚午 財	文昌 文曲 忌 華蓋 辛未 子	破軍 天刑 壬申 夫
七殺 陰煞 紅鸞 戊辰 遷	己亥年十二月十六日 卯時		癸酉 兄
太陽 天梁 科 左輔 丁卯 友	火六局		廉貞 天府 天喜 甲戌 命
武曲 祿 天相 丙寅	天同 忌 沖 巨門 丁丑 田	貪狼 權 丙子 福	太陰 右弼 乙亥 父

問：我想知道我的累世因果。

案例五十四

詢問者相關人對象：無 36.24.16

原始是神明底下的仙女，專門處理文書、人事方面的，但沒有處理好，犯了很多口舌是非，大家對妳很有意見。還跟一位武將動了感情，被打下人間學習，妳來人間六世了。

第一世：妳是女生，能力很好，很會賺錢，常常出外打拼，造成和家人互動少，家人就常常對妳囉嗦。妳忙於工作，也沒有結婚，有交幾個男友。但因為妳到處跑，交往的時間都不久，所以這世妳也沒結婚，單身過一生。但妳有做功德佈施，妳就這樣過一生。

第二世：妳是男生，前世有做功德佈施！所以，是當官的，財運還不錯，妳很清廉不貪汙，但是，就是現行犯，為了脫罪，很會騙，造成有的是誤判，而有業障。

這世，妳有五個太太，應該說有一個老婆和四個小三，她們很會吵，很會爭寵、盧你，但家人、父母的緣還不錯，都對妳很好，所以，這世感情方面讓妳有嚇到。

第三世：妳是男生，因前世還蠻好過的，不懂功德佈施，這世過得很辛苦，長年在外奔波，甚至跑很遠，常出國到別的國家。遇到很多壞朋友，都是小人。應該是要圓滿前世的誤判與官司。後來，娶了一個好老婆，幫妳持家賺錢，妳才沒那麼辛苦。

第四世：妳是女生，妳前世也沒做功德佈施，所以，這世出生在貧窮家裡，過得比較辛苦，落入青樓工作，就是現在的酒店。妳遇到的桃花都很爛，還很會糾纏，讓妳嚇到，也不敢結婚。這世遇到感情，想法都很轉不出來，自己都會想不開，還曾經想自殺。這一世，要圓滿的是感情問題，但妳還是沒有放下，所以又來輪迴第五世。

第五世：妳是男生，是一位生意人，很會賺錢，桃花都是投懷送抱，只是妳前世被感情折磨到，妳這世，好像有恐婚症。因為，自己還蠻有能力賺錢的，所以，妳沒結婚，忙於工作賺錢，只是遇到的兄弟朋友心機也很重，妳也很會應付了，就這樣過一生。

第六世：就是現在這世，妳因為前世有錢，也沒做佈施功德，這一世要不要有錢，就看妳自己的智慧走出來，妳好像遇到賺錢的事，都會有很多口舌是非，別人對妳意見很多。但妳可以嫁一個會賺錢的老公，妳的桃花債應該累世還得差不多了！所以，妳有幫夫運喔！結婚自然就會有錢了。

案例五十五

廉貞 貪狼 天喜 祿 命 丁巳	巨門 天刑 忌 沖 父 戊午	天相 福 己未	天同 天梁 陰煞 田 庚申
太陰 華蓋 權 文昌 兄 丙辰	戊辰年十月四日 午時	土五局	武曲 七殺 官 辛酉
夫 乙卯			太陽 文曲 友 壬戌
子 甲寅	紫微 破軍 左輔 右弼 科 財 乙丑	天機 忌 疾 甲子	紅鸞 遷 癸亥

問：我目前有兩位男友，想知道與他們的因果？最後應該會和哪一位有結果？

案例五十五

詢問者相關人對象：外國男友：狗 男友：馬 5.10.4

原始是觀世音底下的仙女，能力很好，人緣好，長得又漂亮，菩薩很疼，與屬狗的男友動了感情，妳做事，也很龜毛、要求完美，有些仙女很嫉妒妳，設計妳，害妳做錯事，被打下人間學習，妳來人間五世了。

第一世：妳是女生，很漂亮，很有能力，很會賺錢，個性一樣龜毛，要求完美。屬狗的男友，這一世是妳先生，他對妳很好，很疼妳，可是工作的關係，他必須遠行，常常不在家。屬馬的，是妳的工作夥伴，也很喜歡妳，妳先生遠行時，他常照顧妳。有一次，你剛好生病，他很盡心在照顧妳，害妳都不好意思了！雖然妳知道，他喜歡上妳，妳又不知如何拒絕？後來，妳先生幾年後，就不再出外了！妳就知道拒絕他了。但他還是念念不忘，想妳到老，這世你們是沒結婚的。

第二世：妳是女生，妳很早出家，跟在觀世音菩薩下修行，菩薩是希望妳，早日修成正果，帶妳回天上。妳能力很好，在寺廟當到總務，什麼事都妳在處理，屬狗和屬馬的男友，在寺廟遇到妳，就很喜歡妳。屬狗的，就常常去幫妳做義工。屬馬的還佈施錢給妳。這一世，妳因為很早出家，妳更不可能還俗結婚。他們兩人就這樣陪妳很長的一段時間到老，他們也都沒結婚。

第三世：妳是男生，這世妳很有福報，是做官的，妳還是和屬狗的結婚，妳做官，很清廉不貪汙，屬馬的這世，一直只是當妳的情人，妳其實不會花心，妳會接受他，當妳的情人，他這一世，很貧苦，卻很幫妳，幫忙久了！妳就不忍心，接受他當妳的情人。而屬狗的卻是很有肚量接受，因為他看妳事情太多、太辛苦，有個人幫妳也很好。

第四世：妳是女生，出生富貴人家，長得很清秀，家人很疼妳，但妳常常生病，體質很弱，家人就幫妳招贅，是屬馬的男友。妳活不久，壽命不長。因為菩薩希望妳早日圓滿，可是，妳又和屬馬結婚，又造成互相欠債。

第五世：就是現在這世，妳要如何圓滿，就看妳的智慧了。應該會與屬馬的男友做圓滿吧！因為前世他照顧妳很多，妳必須還他。

案例五十六

太陰 己巳　遷	貪狼　權 庚午　疾	天同　巨門 辛未　財	武曲　天相　祿 壬申　子
廉貞　天府　天喜　天刑 戊辰　友	己巳年八月九日戌		太陽　天梁　科 癸酉　夫
右弼 丁卯　官	火六局		七殺　紅鸞 甲戌　兄
破軍　文曲 丙寅　田	華蓋 丁丑　福	紫微　文昌　陰煞 丙子　父	天機　左輔 乙亥　命

問：我與先生的因果要如何圓滿？

案例五十六

詢問者相關人對象：先生：狗 6.8.9

原始是神佛身邊的仙女，管理協調仙女間的總務，能力很好又很付出，很勤勞的做事，卻又遭人嫉妒，而且人緣很好，在天上就有好幾位兵將很喜歡妳。屬狗的先生，是妳身邊得力的助手，相處久了產生感情，就被打下人間學習，妳來人間六世了！

第一世：妳是男生，當縣爺的，但被發配到遠方去工作，能力很好，也有好幾位桃花，喜歡妳。這一世，屬狗的先生是妳的老婆，在公事上幫妳很多，也很依賴妳，你們感情很好。但他被人利用，有些事他有貪汙不敢讓妳知道，造成他本身福報不夠。所以，他會比妳賺不到錢，但因為是妳職務的關係。所以，妳有些共業，兩人相欠債。

第二世：妳是女生，是女強人，很會做生意賺錢，妳結兩次婚，第一任很早就意外死亡，第二任是妳屬狗的先生，他很照顧妳，對妳很好。但就是沒有妳會賺錢，所以，他就很會鑽牛角尖、盧妳。這一世，你們相處溝通就有問題，不怎麼圓滿！這一世妳中年後，有修行佈施！所以有些功德福報。

第三世：妳是男生，也是當官的，很會賺錢，也很正直，不貪汙的。妳因為條件很好，桃花又很旺，娶了五個太太。結果有點擺不平，互相爭風吃醋，妳常常躲到朋友家，妳先生屬狗的，這一世是妳的好朋友。妳深深體會感情債很難還，不要再造感情債了。這一世妳還有常常佈施做功德。

第四世：妳是男生，妳有兩次婚姻，因為兩次婚姻夫妻都很會吵，妳能力很好，很會做生意賺錢，妳甚至兼很多條財路在賺錢，妳的領導能力也很好，就是對自己的感情沒輸，因為妳事業心重，忽略對太太的感情經營，所以，她們沒安全感，很會跟妳吵。

第五世：妳是男生，但是自己開客棧的，就是現在的餐館。所以很會應酬，發揮累世的賺錢能力。但妳好像被前世的桃花債嚇到，這一世，對感情很理智，只有娶一個老婆，但有些桃花，也是女生，所以都跟妳變好朋友，也很幫妳，妳也很幫她們。

第六世：妳也是女生，就是現在這一世，妳很會賺錢，也很有貴人幫忙，能力很好！但又成為，屬狗的太太，以後會賺到錢，要圓滿你們前世沒溝通好，他也是延續前世的依賴妳，所以他不會和妳離婚的，他應該會想辦法賺錢，跟上妳的腳步的。

案例五十七

<table>
<tr>
<td>紫微 權
七殺 右弼 遷
乙巳</td>
<td>疾
丙午</td>
<td>紅鸞 忌 沖 財
丁未</td>
<td>子
戊申</td>
</tr>
<tr>
<td>天機 華蓋 陰煞
天梁 祿 友
甲辰</td>
<td colspan="2" rowspan="2">壬申年六月六日 申時
金四局</td>
<td>廉貞 左輔 科
破軍 夫
己酉</td>
</tr>
<tr>
<td>天相
官
癸卯</td>
<td>兄
庚戌</td>
</tr>
<tr>
<td>太陽 天刑
巨門 文昌 田
壬寅</td>
<td>武曲 忌
貪狼 天喜 福
癸丑</td>
<td>天同
太陰 文曲 父
壬子</td>
<td>天府
命
辛亥</td>
</tr>
</table>

問：我與媽媽和先生的因果？

案例五十七

詢問者相關人對象：先生：狗 媽媽：龍 兒子：羊 9.6.6

原始是神明底下的仙女，幫神明處理仙女們協調人事方面的事情，能力很好也沒心機，很善良經常幫人。屬狗的先生就是跟妳一樣的工作，他是管理協調別組的。因為，有些互動，日久生情，他在天上幫妳很多，對妳是很付出的。造成妳也是要很付出的還他。屬龍的媽媽也是妳的同儕，也很幫妳，跟妳很好，情同姊妹，看到妳，和屬狗很好。其實是為妳好，一方面是嫉妒，一方面覺得屬狗的對妳是不對的。在天上就看他很不順眼了。屬羊的也是妳底下的仙女結來的緣，妳對他很好，所以，是來還妳的債，幫忙妳的。妳因此被打下人間學習，妳來人間四世了！

第一世：妳是男生，妳是當官的，很會賺錢，桃花一堆，妳也是很心軟，不懂得拒絕，桃花一個接著一個交往。因為有錢，所以對桃花很好，給桃花錢。這一世，妳娶五位老婆，太太間免不了有很多鬥爭，妳老年感受到，齊人之福不好享！有去寺廟修行，佈施做功德。屬龍的媽媽和屬狗的先生。這一世，也是妳其中一個老婆，所以這一世妳媽對妳很依賴，不管，妳嫁給誰，她應該都是會百般不滿意的。

第二世：妳是男生，但妳很早就出家，能力很好，做到至少當家師的職位，廟裡很多事都是妳在處理，也幫廟裡賺很多錢。但好像做得再好，還是有人說妳壞話，阻礙妳。屬狗的先生跟妳是一起出家的好友，但他跟妳建議的事，都對妳沒幫助，反而害妳破財。後來，妳也不想聽他的。但妳心地善良，還是替自己累積很多福報。

第三世：妳是男生，做生意很勞碌，桃花還是很多，因為，妳累世都有做佈施功德，所以妳還是很有財運，只是很辛苦勞碌，因為桃花債太多，必須還和圓滿。這一世沒結婚，但晚年有在寺廟修行，和佈施，所以還蠻有福報的。

第四世：就是現在這世，妳要賺錢沒問題，能力還是不錯。就是感情好像很坎坷，不容易圓滿！這是妳累世的桃花債太多，要有智慧走出來，好好解決，看能否不要再來輪迴轉世了，這才是真正的解脫之道。

案例五十八

天梁 文曲 天喜 丁巳 福	七殺 左輔 戊午 田	己未 官	廉貞 右弼 科 庚申 友
紫微 天相 華蓋 丙辰 父	戊辰年三月六日 丑時		文昌 忌 沖 辛酉 遷
天機 巨門 忌 乙卯 命	水二局		破軍 陰煞 壬戌 遷
貪狼 祿 甲寅 兄	太陽 太陰 權 乙丑 夫	武曲 天府 甲子 子	天同 天刑 紅鸞 癸亥 財

問：我與家人的因果。

案例五十八

詢問者相關人對象：先生：鼠 子：虎，狗媳婦：兔 孫子：馬5.3.6

原始是三寶佛下面的女弟子，專門管很多總務，包括理財，後來和屬鼠的先生，產生感情，妳怕被處罰，居然和他私奔，遠走高飛。可是，孫悟空再怎麼厲害，也逃不出如來佛的掌心，最後，就把妳打下人間學習，妳來人間七世了！

第一世：妳是女生，妳因為個性很自目，就是別人要妳往東，妳偏要往西，自己跟家人很不和，後來被家人趕出門，自己離家過生活。妳為了生活，就去青樓上班，很會應酬客人，也很會挖客人的錢。妳很聰明、反應好。但因為看清，很多客人的真面目，後來也不敢結婚。但這一世就認識我。晚年帶妳去修行做功德，甚至常住廟裡，所以還好有積一些福報。所以下一世還不錯。孫子屬馬的，這一世，是媳婦屬兔的情人。因為聚少離多而分開，感情還不錯。

第二世：妳是女生，長得很漂亮，因為前世有福報，這世很會賺錢。但與家人也是很無緣，妳因為遠行，所以認識妳屬鼠的先生。妳因為常常遠行做生意，也很有錢，所以妳也不敢結婚。但妳給妳先生很多錢幫助他。可是他私下還有很多桃花。後來，還有桃花找妳談判，妳又因生意關係，和他聚少離多，最後，也受不了就分手。妳這世的感情，還是很坎坷，搞到最後還是沒結婚，但是妳有錢。屬虎的兒子，這世是妳的好姊妹，對妳很好，照顧妳到老。往生後，妳把錢都留給他。屬馬的孫子和屬虎的爸爸，這一世是工作上的好夥伴結來的緣，所以他們父子會比較像兄弟朋友間的對待。

第三世：妳是男生，妳因為前世沒做佈施功德，這一世，很勞碌又賺不到錢。屬鼠的先生，這世和妳是好兄弟，妳和妳先生這世，都各自成家，妳屬虎的兒子，是妳屬鼠的先生的小三，妳先生這世還是桃花一堆。因為錢，屬虎的和妳先生翻臉，所以，他們的怨在這一世就結下了。屬狗的兒子這一世是妳的桃花之一。他是女生，對妳還蠻好的！你們因為聚少離多，後來就沒聯絡。屬兔的媳婦跟屬虎的兒子，是這一世的男女朋友，因為個性不合而分手，所以他們這一世結為夫妻，也要小心很容易離婚。

第四世：妳是女生，妳是妳屬鼠的先生家的總管，妳很喜歡他，對他很好，他因為，這世家裡有錢，就是花花公子，很愛玩，桃花一堆，妳有家室，但因為長期住他家當總管，就很喜歡他，可是他桃花很多，都不把妳看在眼裡。妳抑鬱而終。後來，生病而死！這世，應該活到四十九歲就死了。

第五世：妳是女生，出生的家庭還蠻有錢的，很疼妳，妳也很愛玩，很會花錢。後來屬鼠的先生因為看上妳家有錢就追妳。妳家人反對你們在一起，你們就私奔到遠方去。妳因為對感情的執著付出很多，後來錢都被他騙光了，他就把妳丟下。最後，妳只好再回去投靠家人。這一世因為妳的享樂，不知做佈施功德，晚年算不好的。

第六世：妳是女生，妳因為好幾世，都沒修行佈施做功德，這世活得更辛苦，做很多工作，做過很多行業。但是，就是賺不到錢。走到哪裡都被欺負，造成妳對人不是很信任。但本性還是很會算。妳因為過得太辛苦了，又沒錢照顧自己。所以，這一世，也是很早就往生，大概只活到三十七歲。

第七世：就是現在這一世，妳還是很勞碌，妳要圓滿家庭。尤其，和妳先生之間的相處，自己好好想想？要如何圓滿吧！

案例五十九

天梁 天喜 右弼 科 福 丁巳	七殺 文昌 田 戊午	官 己未	廉貞 文曲 友 庚申
紫微 天相 華蓋 父 丙辰		戊辰年六月六日 辰時	左輔 忌 沖 遷 辛酉
天機 忌 巨門 命 乙卯	水二局		破軍 疾 壬戌
貪狼 祿 天刑 兄 甲寅	太陽 太陰 權 夫 乙丑	武曲 天府 子 甲子	天同 紅鸞 財 癸亥

問：我與家人的累世因果。

案例五十九

詢問者相關人對象：父：鼠 母：兔 5.6.6

原始是神明底下的軍師，幫神明處理很多總務。但是，你因為誤判屬鼠的爸爸（在天上是你的屬下），害了他全家，跟著受罪。神明雖然很喜歡你這得力助手，但這件事的誤判害了他一家人，只好把你打下人間學習。你來人間七世了。

第一世：你是男生，你很勞碌奔波，到處跑、到處賺錢。但是都賺不到錢，也因此不敢交女朋友，後來也沒結婚。遇到的兄弟朋友對你也很自私。甚至會破你財，或想從你身上賺到錢。你因為什麼？都要靠自己，所以很愛到處去學東西。可是，都不精，學一學，有的還用不到。屬兔的媽，和屬鼠的爸爸，這一世就是你的父母，屬兔的媽媽很幫你，你做什麼她都幫你，你屬鼠的爸爸就很愛跟你計較錢，或想辦法跟你要錢，這是你在天上欠他的，所以你還蠻能承受的，就是個性很不合。你一輩子好像都無法掌握住任何事。老了就在寺廟住下，多少做些佈施功德修行，雖然不是很信，基於現實面，也就學習學習，就這樣在寺廟終老。

第二世：你是女生，你因為前世還有做佈施功德，這一世長得很漂亮，又很會賺錢。雖然是身為女生，但做什麼賺什麼，這一世做買空賣空的生意，類似貿易。你有談了幾段感情，後來發現，這些對象都是為了你的錢跟你在一起，你後來就放棄了，這一世也沒結婚。晚年，也有在廟裡修行，佈施做功德，因為無子嗣，往生後就把財產都捐給廟裡。

第三世：你是女生，一直跟著媽媽屬兔的工作賺錢。你屬鼠的爸爸都靠你和你媽媽賺錢養他，他長期跟你們要錢。這一世，你看到你媽媽屬兔的，結婚的辛苦，你也不敢結婚，就是不缺錢用，也這樣過了一生。

第四世：你是男生，你因為累世都有做功德佈施，所以賺錢容易，你也越來越會盤算規劃了。這一世你因為做生意常常遠行，認識一位外地的女生，有和她結婚。她對你很好，很照顧你，什麼事都要管，但就是無法懷孕生小孩。這一世，你只活到四十九歲，就生病往生了。

第五世：你是女生，累世都有修行、佈施做功德。這一世出生富貴人家，就養成千金大小姐的脾氣，愛玩、愛享受，有交往過一些男朋友，他們都是因為你家有錢來追你。可是後來都受不了你的脾氣，很快就分手。

第六世：你是男生，你是當老師的。但是到處去教學，甚至跑很遠，這一世算很勞碌奔波，與家人無緣，聚少離多。不過在外地有娶一個老婆，你的老婆很會盤算，什麼事都幫你管好好的，算是賢內助啦！

第七世：就是現在這世。你也是跟前世一樣到處跑，與家人聚少離多，你的另一伴應該是在遠方，應該會遇到，最後會結婚。這一世，要圓滿你父母和你的太太，可是小孩好像比較無緣。因為你有結婚的那世好像都沒生小孩，應該是這世夫妻聚少離多的關係。反正，瞭解自己的累世，這一世要坦然面對，好好圓滿，看能否不用再來輪迴了！

案例六十

太陰 兄 癸巳	貪狼 陰煞 右弼 命 甲午	天同 祿 巨門 天喜 父 乙未	武曲 天相 左輔 福 丙申
廉貞 忌 天府 文曲 夫 壬辰		丙寅年五月五日 子時	太陽 天梁 田 丁酉
子 辛卯	金四局		七殺 文昌 科 華蓋 忌 沖 官 戊戌
破軍 財 庚寅	天刑 紅鸞 疾 辛丑	紫微 遷 庚子	天機 權 友 己亥

問：我與先生的累世因果。

案例六十

詢問者相關人對象：先生：虎 3.5.5

原始是神明底下的童子，妳的個性很天真像小孩子，很開朗很有福氣，有的吃喝玩樂！因為和屬虎的先生產生感情。應該屬虎的是妳的老師，你們算是師生戀，被打下人間學習，妳來人間四世了。

第一世：妳是女生。妳和屬虎的先生有結婚。妳先生是當官的，妳是他的總管，什麼事情都管，他很清廉、不貪汙。可是因為大家都知道妳這官夫人是總管，所以都走後門找妳，妳有收到一些賄賂，是沒有很嚴重，甚至有些是行俠仗義，幫一些可憐人。所以是妳欠妳先生的，真的什麼事都要管。但妳有錢，還懂得佈施做功德，所以還是有福報。

第二世：妳是女生，因為前世有做佈施功德，所以這世還蠻好命的，很有得吃喝玩樂，人緣也很好。妳還是跟屬虎的先生結婚。這一世，他還是當官的，但也是很清廉自守，他對妳很好，因為妳幫他很多，還他很多。這一世還常常帶妳出去遊山玩水，感情很好、很恩愛。

第三世：妳也是女生，出生富貴家庭。妳還是和屬虎的先生結婚，這一世他是當老師的，而且是到處跑的老師。他因為跟妳父母是好朋友。拜訪妳家時，你們看上眼，就結婚了。這一世，妳很清寒，賺不到什麼錢？妳也是當他的總管，甚至沒錢？還支助他。這一世，妳為他還是付出很多，妳個性使然，就是都擔待他很多，還覺得很煩，但是是甜蜜的負擔！妳因為要報恩，也付出得很欣然！

第四世：是現在這一世，你們還是夫妻，你們很有話聊，感情很好結善緣，看你們夫妻間如何放下圓滿，能否不要再來輪迴了。

案例六十一

巨門 子 癸巳	廉貞 忌 天相 天刑 夫 甲午	天梁 文曲 文昌 科 兄 乙未	七殺 陰煞 命 丙申
貪狼 華蓋 財 壬辰	丙子年十月十一日卯時 火六局		天同 祿 天喜 父 丁酉
太陰 紅鸞 疾 辛卯			武曲 福 戊戌
紫微 天府 遷 庚寅	天機 權 左輔 右弼 友 辛丑	破軍 忌 沖 官 庚子	太陽 田 己亥

問：我曾離婚，現在有一男友，但因和前夫有生兩個小孩，都跟我。想說再婚好嗎？

案例六十一

詢問者相關人對象：男友：牛 女兒：豬 子：狗，鼠 13.22.41

原始是神明底下的仙女，因為長得很漂亮又很可愛，所以桃花一堆，喜歡妳的人都對妳很好，給妳錢，想辦法討好妳，妳就習慣別人的給予是應該的。個性很愛玩樂，玩起來就忘記工作，或做事就會拖延，因為這樣沒把事情做好，被打下人間學習，妳來人間六世了。

第一世：妳是男生，妳是個戰將，當到統帥。妳到處去，去結交紅粉知己，大都是青樓女子，就是現在的酒店，妳也沒結婚。很愛自由，不喜約束，很愛玩。屬牛男友是妳這世的情人。後來，妳又到別處去打仗，就把她拋棄了！屬鼠的兒子，是妳的得力助手，為了在戰場上救妳，賠了他一條命。屬狗的兒子，和女兒屬豬的也是。這一世是妳的好部屬，他們都很助妳，所以，妳要圓滿他們，還有殺生業。

第二世：妳是男生，這一世，妳是當文官的，但妳為了錢，有收賄賂和貪汙，造了一些業障，屬牛的這世，是妳老婆，但妳桃花還是不斷！所以，他沒安全感，後來你們常常吵架，但是沒離婚啦！這一世屬狗和屬豬的，還是妳的小孩，兩個都是男生。

第三世：妳是男生，因為妳前世都沒做佈施福報，所以過得很辛苦，沒錢到怕。所以妳這一世，種下愛錢和會算的因，也沒有結婚。

第四世：妳是女生，在青樓上班，就是現在的酒店，妳一樣桃花不斷，不是很喜歡的桃花，妳會想辦法跟他要錢。反正還是有桃花債要還。

第五世：妳是女生，妳因為累世不做佈施功德，還是過得很辛苦，常去神壇問事，想要財運好些。後來自己也能靈通辦事，但會騙財騙色，可是怎麼騙還是都沒錢，屬牛的男友和屬狗和屬鼠的兒子就是妳的桃花，但他們為了妳被騙到沒錢，所以，妳還是要為他們付出圓滿。

第六世：就是現在這世，妳更要多積福報，轉這一世，後半輩子好好過。要圓滿感情和小孩喔！至少，還要來輪迴，可以讓來世過得好命一點吧！

案例六十二

紫微 七殺 權 乙巳 遷	丙午 疾	紅鸞 忌 沖 丁未 財	戊申 子
天機 天梁 祿 天刑 華蓋 甲辰 友	壬申年八月六日戌時		廉貞 破軍 己酉 夫
天相 右弼 癸卯 官	金四局		庚戌 兄
太陽 巨門 文曲 壬寅 田	武曲 貪狼 忌 天喜 癸丑 福	天同 太陰 文昌 陰煞 壬子 父	天府 左輔 科 辛亥 命

問：怎麼談戀愛都很坎坷？

案例六十二

詢問者相關人對象：父母：虎　9.8.6

原始是神明底下的童子，幫神明處理文書方面的事，有時還要遠行。因為長得很清秀可愛，人緣很好，就桃花一堆。屬虎的父母是神明派下來要教你學習和幫忙你的。你因為太善良正直，常被利用欺騙。你因為桃花問題一直處理不好，造成很多口舌是非，有些文書處理錯誤，被打下人間學習，你來人間四世了。

第一世：你是男生，是當文書官的。結果很多人都來找你、騙你，請你幫他寫一些虛假的訴狀，但你都被騙而不知道，想說對方如何說，你就如何做，想不到這也造成共業。然後他們都對你屬虎的父母很好，賄賂他們，你父母很正直，都是為你好，就會唸你說，不要太相信人，甚至說，那種錢不要賺，因此你們常常不和，溝通不良。

那你還是人緣很好，桃花很多，可是你還延續在天上的個性，不會處理、不懂拒絕。因為你都當他們是好人，就這樣欠很多桃花債。有時自己吃虧，還不以為然。

第二世：你是男生，你也是當官的。這次的官位是有在幫人判刑的。結果還是遇上一些說謊的人，都是為了幫他們自己脫罪！很會編故事。你還是要學習開智慧，看清他們。這一世你有結婚，娶了一個很助你財運的老婆。有些人為了討好你，也會找你老婆，但你因為桃花還是很旺，有的桃花都會設計，讓你和老婆不和，有誤解，你老婆過得很辛苦，但還是一直努力在幫你持家。你屬虎的父母看在眼裡，對你老婆很好，甚至給她錢，幫忙你們。

第三世：你是男生，你前兩世都沒積福報，所以這世很辛苦勞碌，財運很不好，但前兩世被兄弟朋友騙，和對桃花很討好的，這一世都對你很好，甚至錢財上也會幫你。你這世沒賺到什麼錢，桃花也不缺，所以你就沒結婚，晚年你就常去寺廟做義工，積福報！

第四世：就是現在這世，你因為前世有修，出生家庭富貴，這世你也會有錢，但要懂得理財，你要報父母恩，還有感情上要學會處理。有很多爛桃花都會破你的財，你如果不會挑老婆，其實聽父母的選擇，反而可以找到好的老婆喔！眼睛要放亮、要看清楚，兄弟朋友間，誰是真的對你好的，這些都是你要圓滿的。

案例六十三

忌 沖 癸巳 遷	天機 權 甲午 疾	紫微 文曲 天喜 天府 文昌 科 乙未 財	丙申 子
太陽 左輔 壬辰 友		丙寅年一月十八日 卯時	天府 天刑 丁酉 夫
武曲 七殺 辛卯 官	木三局		太陰 右弼 華蓋 戊戌 兄
天同 祿 天梁 陰煞 庚寅 田	天相 紅鸞 辛丑 福	巨門 庚子 父	廉貞 忌 貪狼 己亥 命

問：我為何談戀愛都不順？會不會結婚？

詢問者相關人對象：無　3.37.48

案例六十三

原始是觀世音菩薩旗下的仙女，妳做事和講話很直，與眾仙女們不和，被人排斥，造成很多口舌是非，還有跟別的將士動了情，妳對感情，好像無法理智，只要別人引誘妳，就無法控制地被追。不會去思考對方好不好，所以被打下人間學習，妳來人間五世了。

第一世：妳是女生，長得很漂亮，做事很龜毛，要求完美，但又偏偏是錯誤的抉擇！讓人對妳很有意見。在理財方面也不是很好。這一世，妳有桃花。但交往一段時間就分手，妳也很不懂得如何跟男朋友相處？造成這一世也沒結婚。家人對妳很好，但好像就是為了妳的錢，妳的優點是還蠻節儉的。但是就是不懂規劃理財，妳就這樣過一生。

第二世：妳是女生，在青樓上班，就是現在的酒店。妳好像還是找不到妳的人生目標。每天都渾渾噩噩過日子。有桃花運，但桃花都對妳做表面，妳也搞不清楚？是真的對妳好？還是假的？兄弟朋友，看妳這樣。都很喜歡，龜毛妳，要求妳。這世，妳在中年，有點開竅，覺得生活辛苦！有去寺廟，幫忙當義工。然後學著修行佈施做功德。

第三世：妳是女生，妳因為前世晚年，有做些佈施功德。這世出生富貴人家。妳還是長得很漂亮，做事又更龜毛，要求完美，比較細心。會知道別人要什麼。桃花也很多，這世有結婚。先生很好，很顧家，也對妳很好。這世生活過得還不錯！可是妳有忽略做功德佈施了。

第四世：妳是女生，妳是觀世音菩薩的代言者，妳有通靈。一開始，修得不錯！後來也有結婚。為了經濟問題，有時候，有對人斂財，造了一些業障。後來身體不好，很快就往生了。

第五世：就是現在這世，妳常遇到一些心機重的兄弟朋友。這是妳前世必須還的眾生債，妳會結婚，應該會嫁一個不錯的另一伴。陪妳還完前世的眾生債。妳要有事可以去拜觀世音菩薩，妳跟祂有緣，祂會幫妳，我建議妳多做佈施功德，這一世會轉得更好，就會有智慧去處理一些事物和人。

案例六十四

巨門 辛巳 財	廉貞 天相 左輔 壬午 子	天梁 權 癸未 夫	七殺 天喜 右弼 甲申 兄
貪狼 庚辰 疾		乙丑年三月三日 未時	天同 忌 沖 乙酉 命
太陰 文昌 忌 己卯 遷	水二局		武曲 陰煞 丙戌 父
紫微 天府 科 紅鸞 戊寅 友	天機 華蓋 祿 己丑 官	破軍 戊子 田	太陽 天刑 文曲 丁亥 福

問：我與家人的因果。

案例六十四

詢問者相關人對象：先生：雞　女兒：羊 2.3.3

原始是神明身邊的武將。幫神明處理很多事情，跑來跑去很忙。屬雞的先生，是妳很好的同伴。屬羊的女兒是屬雞的文將。妳因為常常和屬雞的共事，後來產生感情，還有幫神明處理一件關於錢財的事，沒有處理好，造成很多是非。因此，被打下人間學習，妳來人間七世了。

第一世：妳是女生，很辛苦的一世，只要跟錢財有關的，口舌是非很多。屬雞的這世，是妳的先生，對妳很好，很顧家，妳也很幫先生。屬羊的，也是妳的兒子。可是他太太，妳跟她處的不好！尤其常常為了錢財的事而不和，所以這一世妳過得很不快樂。

第三世：妳是男生，長得很帥，異性緣很好，桃花很多，交往時間都很短。屬雞的先生，這世也是男生，跟妳是很好的朋友，也一起做生意，助妳賺錢，互結善緣。妳因為，長期忙於事業，忽略家人，老婆就跟妳離婚。晚年也沒錢，就去寺廟住，多少修些功德福報。

第四世：妳是男生，妳是當文書官的，雜事很多、很煩。屬雞的是你的上司，妳算是總管，什麼事都要處理。搞到也沒時間交女朋友，妳就這樣過一生。

第五世：妳是男生，有出家，當到寺廟裡的總務，也幫寺裡做很多事，包括設計宣傳寺務，這世屬雞和屬羊的，都跟妳不錯，甚至還佈施錢財給妳，結來的善緣。

第六世：妳是女生。因為前世有福報，這世出生富貴人家。人又長得很漂亮。這世屬雞的當官，妳嫁給他，當官夫人。女兒也是妳的女兒，妳屬雞的老公，清廉公正，比較沒造什麼業障？這一世你們全家過得很幸福。

第七世：就是現在這一世，應該會有錢，不要造什麼業障，全家好好相處，應該也都可以不用再輪迴了！

案例六十五

巨門 辛巳 田	廉貞 天相 文昌 右弼 陰煞 壬午 官	天喜 天梁 癸未 友	七殺 文曲 左輔 甲申 遷
貪狼 庚辰 福		庚寅年五月九日 辰時	天同 忌 乙酉 疾
太陰 科 忌 沖 己卯 父	土五局		武曲 權 華蓋 丙戌 財
紫微 天府 戊寅 命	天機 天刑 紅鸞 己丑 兄	破軍 戊子 夫	太陽 祿 丁亥 子

問：我與家人的因果。

案例六十五

詢問者相關人對象：先生：猴 兒子：鼠 母：龍 弟：虎 27.5.9

原始是神明底下的仙女，屬猴的是神明底下的將士，妳因為公事常常和屬猴的要配合或者共事而產生感情。屬鼠的兒子因為出了一些事情，妳幫他出面處理好結來的善緣。妳媽媽屬龍的，在天上也是你仙班的好姊妹，一直都幫妳很多，很照顧妳，結來的緣。屬虎的弟弟在天上，階級比妳高。等於是妳的頂頭上司！所以，常常龜毛、要求妳。他因為也喜歡上某位仙女。你們一起都被打下人間學習。妳來人間五世了。

第一世：妳是男生，當官的，是很清廉、不貪汙，妳做事很盡心，很簡單，不喜歡複雜化。屬猴的先生是妳身邊的文書官，配合得很好，幫忙妳公事，處理得很好，相處的時間最長。屬鼠的兒子，跟妳是很好的朋友，無話不談。屬龍的媽媽還是妳媽，很照顧妳、幫你。屬虎的也是妳弟弟。因為妳比他出色。所以他很多事都要找妳，龜毛妳。

第二世：妳是女生，屬猴的是妳先生，很會賺錢，對妳也很好，妳也很認真工作，賺錢持家，屬鼠的也是妳的好朋友。妳幫他介紹了一個很好的太太給他，結了好緣！屬龍的媽媽，這世也是你媽，他看妳很孝順，有留一些財產給妳喔！因為屬虎的也是妳兄弟，他就對這事很在意，很不開心，所以對妳還是很會龜毛妳，想辦法要拿妳的錢。

第三世：妳是女生，妳很付出、很勞碌，到處跑來跑去，為家人、父母奔波，妳必須報恩累世父母都對妳結的善緣。屬猴的老公也是妳先生，累世你們都互結善緣，所以夫妻間都很好。屬鼠的兒子，這世也是妳兒子，也是很孝順，對你們很好。弟弟屬虎，也是妳的兄弟姊妹之一，還是一直找妳、麻煩妳。

第四世：妳是男生，算是公務人員。屬猴的是妳的好朋友、好同事，也是結善緣來的。妳這世忙於工作和家人，也沒結婚。就這樣，簡單過一輩子所以妳應該很容易結識政府官員。

第五世：就是現在這世，基本上妳累世又沒造很多業障，個性又很正直，處事簡單，應該靠妳的智慧，好好處理身邊的人和事？也可以很快回天上的。

案例六十六

癸巳 命	天機 文昌 忌 甲午 父	紫微 破軍 華蓋 乙未 福	紅鸞 文曲 科 丙申 田
太陽 權 天刑 壬辰 兄	辛未年八月十三日 辰時		天府 丁酉 官
武曲 七殺 右弼 辛卯 夫	水二局		太陰 戊戌 友
天同 天梁 天喜 庚寅 子	天相 辛丑 財	巨門 祿 陰煞 忌 沖 子 疾	廉貞 貪狼 左輔 己亥 遷

問：我想問與家人的因果關係。

案例六十六

詢問者相關人對象：先生：龍 子：馬，羊，鼠 8.8.13

原始是神明底下的仙女，與先生屬龍的是夥伴，因為長期共事，感情很好，卻被別人嫉妒、陷害，甚至被詛咒，本來是善緣，卻被詛咒，只要兩人在一起，做事就會不順。尤其是妳先生屬龍的，就會破妳財運。結果你們真的做錯事，就被神明，打下人間學習，妳來人間七世了。

第一世：妳是女生，也和屬龍的先生結婚，他是位戰將的統帥，脾氣不好又很正直，得罪很多士兵，因為沒方法，都讓手下無法信服，造成有些人也詛咒你們，讓你們身體不舒服，連運勢都無法順利，很辛苦。這世你們夫妻聚少離多，也沒生小孩，小孩屬馬、屬羊、屬鼠的，都是妳先生的部屬，是因為妳先生對他們都很好，所以他們也是會感恩，妳先生的，是好部屬結來的善緣。

第二世：妳是男生，妳先生屬龍的是女生，你們還是夫妻，妳是當地方小官的，很努力賺錢，夫妻也很恩愛，但是妳在天上的詛咒都不知道要解，財運不好，妳就接受賄賂，造了業障。這一世，屬羊的小孩跟你們夫妻，因為錢財的問題，有一些疙瘩心結。屬馬和鼠的就很好，互結善緣。

第三世：妳是男生，屬龍的先生也是男生。你們是很好、很合的兄弟，好到還一起合夥做生意，後來有口舌是非，溝通不良就拆夥，結下惡緣。這一世，有人幫妳介紹姻緣，但妳都不喜歡。後來就沒結婚，晚年妳有接觸宗教修行佈施做功德。

第四世：妳是女生，因前世有做佈施功德！這一世還很好命，很有得吃喝玩樂，也有錢，不用煩惱錢的事。有結婚，也是屬龍的先生，屬馬、屬羊、屬鼠的，也是妳的小孩，但這一世有為了屬馬的破財。

第五世：妳是女生，也是和屬龍的先生結婚，夫妻很恩愛。這一世是兄弟姊妹的事，他們很喜歡你們，有事就找你們，但是你們夫妻幫兄弟姊妹擔太多。這一世，三個小孩，你們有為屬鼠的破財。屬羊的比較有成就，他對家裡有意見，很早就離家，與你們互動少。

第六世：妳是女生，因為前兩世都比較安逸，沒做佈施福報。這一世過得很辛苦，怎麼賺都沒錢，妳甚至淪落去青樓上班，就是現在的酒店。因為都遇到爛桃花，也因此沒結婚，晚年就去寺廟住，但也沒做什麼佈施功德。

第七世：就是現在這一世，妳還是嫁給屬龍的，但妳先生運勢都不好，一直賺不到錢。但是他很顧家，也沒有不良嗜好，所以你們還是會互相容忍，攜手到老。這世三個小孩都很孝順，晚年都會賺錢給你們和照顧你們。

案例六十七

武曲 破軍 文昌 財 辛巳	太陽 子 壬午	天府 華蓋 夫 癸未	天機 祿 太陰 忌 兄 甲申
天同 紅鸞 左輔 疾 庚辰	乙亥年一月十七日 巳時		紫微 科 文曲 貪狼 天刑 命 乙酉
遷 己卯	水二局		巨門 右弼 天喜 父 丙戌
陰煞 忌 沖 友 戊寅	廉貞 七殺 官 己丑	天梁 權 田 戊子	天相 福 丁亥

問：我與家人的因果？我要如何與他們相處？

案例六十七

詢問者相關人對象：先生：馬 小孩：龍，蛇，猴 12.13.17

原始是神明下的仙女，做事不順就會想放棄。與大家相處有很多口舌是非。因為自己個性問題，很愛面子，比較好強。與先生屬馬的產生感情，自己很愛他，就很喜歡管他，造成屬馬的受不了，就很想往外跑。小孩屬龍和蛇的是妳仙班裡的同事，跟妳還蠻好的，妳要注意屬猴的，他是在天上仙班裡的。但妳和他有金錢糾紛，可能以後很會為他花錢。你們一起被打下來人間學習，妳來人間七世了。

第一世：妳是女生，出生富貴之家，家人都對妳很好、很寵。所以妳佔有慾強，比較驕縱。有結婚，是屬馬的，他很努力賺錢養家，可是妳自以為妳很厲害。妳的朋友其實是對妳有心機的，屬猴、屬龍、屬蛇的，就是妳的朋友之一，都設計妳的錢，找妳投資，結果妳把先生賺來的錢花光，造成他對妳不信任。

第二世：妳是男生，和屬馬的是好的朋友。妳因為前世沒積福報，造成這一世，很辛苦努力賺錢，到處跑來跑去。妳因為長期在外，走到哪裡就娶一位老婆，分別是妳這世的小孩，屬龍、屬蛇、屬猴的，然後，都沒圓滿。因為妳換到別的地方工作，就把他們丟著，讓他們自己去生活，所以這世當妳的小孩要來圓滿。

第三世：妳是男生，妳是當乩童的，幫神明辦事，所以，妳有敏感體質，妳有些對人斂財。屬馬的也是妳太太，在一旁幫著妳，造成共業。然後你們也是很鐵齒，都不知幫自己多累積功德福報。妳身體很差，這一世很早就往生。

第四世：妳是男生。因為都不做功德福報！這一世過得更辛苦，都賺不到錢，還好先生屬馬和小孩，屬龍、屬蛇、屬猴的，都是妳的朋友，這一世都有幫到妳，助妳財運。

第五世：妳是男生，也是很辛苦勞碌，妳這世個性，出去都很愛當老大，家人常常支助你錢財，後來，也受不了，不理妳了。妳因為沒什麼錢，也不敢結婚，就這樣，勞碌過一生。

第六世：妳是女生，長得很漂亮，還蠻有人緣的，在青樓上班，就是現在的酒店，妳都賺一些年長者的人的錢，屬馬的是其中之一。這世沒結婚，妳都當人家的小三，妳覺得有人養就好，也沒有去思考如何讓自己過得更好，也一樣不累積功德福報。

第七世：就是這世，妳和前世一樣，自己都不知在做什麼？要圓滿三個小孩和夫妻之間，妳要有智慧，知道如何去圓滿，不然妳還是會過得很辛苦喔！

案例六十八

紫微 七殺 文昌 忌 左輔 疾 癸巳	財 甲午	華蓋 子 乙未	紅鸞 夫 丙申
天機 天梁 遷 壬辰	辛未年八月十三日 辰時		廉貞 破軍 文曲 科 右弼 兄 丁酉
天相 友 辛卯	水二局		天刑 命 戊戌
太陽 權 巨門 祿 天喜 官 庚寅	武曲 貪狼 田 辛丑	天同 太陰 陰煞 福 庚子	天府 忌 沖 父 己亥

問：我與家人的累世因果？

案例六十八

詢問者相關人對象：哥：狗 太太：羊 子：龍，蛇，猴 28.26.12

原始是神明底下的武將，因為異性緣太好，常常有很多桃花，屬羊的是仙女，是你最喜歡的一個，但你常常因桃花的自動投懷送抱，而不知如何處理解決，造成公事，沒做好，被神明打下人間學習，你來人間八世了。

第一世：你是男生，你這一世就很辛苦，承受業力現前，財運很差，犯小人多，屬羊的是你太太，對你很好，甚至用她的錢和娘家的錢，一直在幫，做事業，可是你一直做不好，因為，福報不夠，不過你還是很顧家。你這一世的貴人只有你太太。其他人都對你沒幫助，朋友都先利誘你投資，基本上是害你的，包括屬狗的哥哥，這一世跟你聚少離多，但你沒錢，他也有幫助你。

第二世：你是男生，因為前世沒積福報。這一世還是過得很辛苦，很勞碌的。到處跑來跑去，太太還是屬羊的，也很辛苦的，跟你到處跑，而且是帶著小孩。這世你就開始變成很有異性緣，只要有桃花，就會跟太太屬羊的吵架，其實你還是最愛屬羊的，卻不懂如何溝通，也是對於自動投懷送抱的桃花，不知如何拒絕，當你太太真的很委屈。

第三世：你是男生，因為太太通靈辦事，你口才很好、很會說，也就是對信徒斂財，所以你很有錢，但你不知業力的可怕，你健康出問題，差點死，後來太太又幫你求神明救你，你就懺悔，改變作法，和太太一起幫人。所以，你夫妻，其實體質，都很敏感。然而，你之前斂財，有揹到、遭到反噬，造成屬龍和屬蛇的小孩，都一直在破你們夫妻的財，你們也只好默默承受。

第四世：你是男生，你是出家人。應該是菩薩要你還前世跟信徒欠的債。該還的還一還，你也很認真在修行，你就這樣過一生。

第五世：你是女生，出生富貴之家，本身也很有錢，算是千金大小姐，你繼承家族事業，因為前世有出家，累積很多福報，所以這世你做什麼賺什麼，你因為太有錢，也不敢結婚，就這樣過一生。

第六世：你是男生，有結婚，太太是屬羊的，生了三個小孩屬龍、屬蛇、屬猴。剛開始生活清苦，屬狗的哥哥也是你哥哥，都會拿錢支助你，對你是又愛又恨，每次都要幫你。後來三個小孩長大了，都比你會賺錢，都很孝順你，夫妻都給你們錢，算是很好的老運。

第七世：你是男生，算是當老師文人的，太太也是屬羊的，她也是當老師，但她是私下開補習班的，很會賺錢，賺得比你多，也一直在幫你，你還是桃花很多，折磨你太太，一樣有犯桃花時，你就很會跟她吵架，但你還是最愛她，不敢跟她離婚。當你太太真的很辛苦，你要好好惜福。

第八世：就是現在這世，你要好好珍惜老婆，外面的桃花最後都是一場空，別浪費時間了，把家庭顧好，珍惜家人，好好圓滿，看能不能不要再來輪迴了，或者好好修行佈施做功德，不然來世也讓家人跟著你過過好日子吧！

案例六十九

巨門 辛巳 財	廉貞 天相 左輔 壬午 子	天梁 權 癸未 夫	七殺 天喜 右弼 甲申 兄
貪狼 庚辰 疾	乙丑年三月三日 未時		天同 忌 沖 乙酉 命
太陰 文昌 忌 己卯 兄	水二局		武曲 陰煞 丙戌 父
紫微 天府 科 天喜 戊寅 友	天機 華蓋 祿 己丑 官	破軍 戊子 田	太陽 天刑 文曲 丁亥 福

問：我與家人的累世因果。

案例六十九

詢問者相關人對象 先生：牛 女兒：虎 兒子：蛇 媽媽：馬

大弟：蛇 二弟：猴 2.3.3

原始是神明（觀世音菩薩）邊的武將，很神奇的是，妳先生屬牛，居然是觀世音菩薩的仙女，但他職位高，專門在管仙女和將士的事，他長得很漂亮，有很多桃花喜歡他，他也樂於玩樂中。結果，是妳先喜歡上他的，妳被陷害說錯話，做錯事，又被人故意告到菩薩處，菩薩知道妳喜歡他，要讓妳體驗動了感情的痛苦，你們一起被打下人間學習，妳來人間七世了。

第一世：妳是女生，出生富貴之家，妳爸爸是當官的，妳屬牛的先生是男生，妳很單純、很漂亮，妳先生是書生，很有才藝。後來，有進去官邸教書，這一世，很會賺錢。他看起來也很斯文，所以有些桃花，都投懷送抱，他也不懂得拒絕。妳很鬱卒，後來，妳有去寺廟修行，也懂得佈施做功德，就引導先生一起修行。兩人有好好過完後半生。大弟屬蛇的，他這一世是妳的好朋友，有助妳財運，但他太太很小器沒度量，就很嫉妒妳。最後，又想辦法，老是要破妳的財。屬虎的女兒，這一世是妳的兒子，她很獨立，也很有成就，娶的老婆，對妳很好。但是和妳先生不和。你媽媽屬馬的，也是妳的媽媽，她超喜歡妳先生的，對他很好、很疼他，都會給他錢，對妳很依賴，什麼事情都要找你。二弟屬猴，這一世是妳的好朋友，都會找你們夫妻投資，沒一次賺錢的。所以，你們後來對他不信任。妳屬蛇的兒子，這世沒出現。

第二世：妳是女生，很賢妻良母，把家顧得很好，妳先生是生意人，也是屬牛的，他很會算，算是奸商。會對客人和兄弟朋友，為了賣他的東西而說出善意的謊言，造成他的朋友也很會跟他做表面和說謊。但他也賺很多錢，都交給妳管理。然後，妳都跟屬蛇的弟弟，跟會投資，有賺些錢。然後，他太太看妳有錢，又很會跟妳計較。她都沒想說，因為前世妳有帶先生，晚年在寺廟，有修行佈施，積來的福報。然後，她自己更捨不得花錢佈施做功德。妳先生這世還是桃花一堆，真的是妳的夢魘，但他最愛的還是妳，最後還是回來妳身邊。兒子屬蛇和女兒屬虎的，這世也是你們的小孩，兒子和女兒，很幫妳們的生意，有幫你們賺錢。所以你們很疼他們，有買房子給他們。後來財產，也都留給他們，他們也很孝順，照顧你們終老。屬馬的媽媽還是妳媽媽，她很照顧你們，你們也很孝順她！尤其妳先生，都會給她錢，對她好。二弟屬猴，這一世和妳先生是好朋友，生意上，多少助你們一些財運。

第三世：妳是男生，當文官的，能力很好，很清廉，這世妳先生只是妳的情人而已，他是女生。因為妳工作很忙，職務上的關係，妳看很多，有點不敢結婚。這一世，妳很簡單，都忙於工作和眾生與兄弟朋友的事，妳遇到的都是比較自私的人。造成妳對人不太信任。

第四世：妳是男生，妳很有錢，很會賺錢，也是做生意的，妳先生也是女生。

這世也是沒結婚，當情人而已，妳屬馬的媽媽，也是妳媽媽。他對她很好，都會給她錢，是妳的前世桃花之一，他最喜歡的。所以，他是欠妳媽媽的，累世也對妳媽媽很好。屬蛇的大弟，也是妳媽媽的小孩，他因為做生意有賺錢，也學會說善意的謊言，妳媽媽有一陣子和他聚少離多，疏於溝通，變成他也很會對妳媽媽說謊。二弟是很黏妳，他和家人都不和。

第五世：妳是男生，妳應該是專門在幫人處理官司問題的。這一世，妳也沒結婚，妳兩個弟弟和先生、小孩，都是找妳辦法律問題而認識的，還結為好朋友。因為，妳每天都很忙，也沒有時間交女朋友，就這樣過一生。

第六世：妳是女生，長得很漂亮。屬牛的先生一見妳就鍾情，很愛妳，拼命追求。妳又出生富貴之家，算是千金大小姐。後來，你們有結婚，但不知先生桃花運那麼好，又被他磨了一生。但他財運還不錯，他累世遇到桃花就是不懂得拒絕！但他還是最愛妳的，這樣的感情折磨，菩薩希望你看得透。

第七世：妳是女生，又和屬牛的先生結婚，你們都是做跟宗教有關的行業，類似賣相關產品。所以，有接觸宗教有修行。夫妻這一世感情很好，有用心經營家庭，對家人很有責任感。問題是，夫妻感情好，又造成你們感情的糾結，對感情更放不下，還是要來輪迴。

第八世：就是現在這世，你們會很有錢。所以，你們夫妻間的問題，就是妳先生對桃花不懂得拒絕，問題是，他異性緣又不錯。妳這世，所有的因緣都出現，要妳圓滿。媽媽、小孩都是妳的善緣，媽媽的辛苦，有她要圓滿的業障，妳也不用太擔心。妳把這世的人、事、物圓滿處理，可能也不會再來輪迴了！妳先生還要圓滿眾生，就是他的兄弟朋友。所以，他這世的朋友也很多，三教九流都有，那是第二世結來的緣。有時候，妳靜靜地觀察，每個人都在演屬於他的一場戲，只是演得好不好看而已，如何讓他圓滿落幕，就要看自己的智慧了。

案例七十

紫微 七殺 權 乙巳　疾	文曲 陰煞 丙午　財	天刑 紅鸞 忌 沖 丁未　子	文昌 戊申　夫
天機 天梁 祿 華蓋 甲辰　遷	壬申年十一月十九日 寅時		廉貞 破軍 己酉　兄
天相 癸卯　友	金四局		庚戌　命
太陽 巨門 左輔 科 壬寅　官	武曲 貪狼 忌 天喜 癸丑　田	天同 太陰 右弼 壬子　福	天府 辛亥　父

問：我想知道我累世的因果？

詢問者相關人對象：無 9.11.19

案例七十

原始是神明底下專門在幫神明發號施令執行工作的，和管理人事方面。所以，人事間的協調都很難處理，很難面面俱到，造成一些口舌是非，也會得罪其他人，能力很好，神明很認同，但妳就是犯小人，遭人陷害。被打下人間學習，你來人間九世了。

第一世：妳是男生，妳是當官的，妳很清廉自守，但是有些人，就對妳家人去賄賂。這一世妳屬牛的哥哥，也是妳的兄弟，也因為妳的職位，私下收了賄賂。所以，他對妳很客氣，也會做表面，他是欠妳的。所以，會給妳錢，對妳好，妳跟他說的話，他也會聽進去。因為，妳辨案當中，你看人冤枉或沒錢，妳也都會幫助佈施，只是你一直不知道妳家人私下收賄賂。妳有結婚，收賄賂的事，只有妳太太被妳發現，後來妳就和她離婚，妳是很正直的人，妳是會看不慣、受不了那些貪汙的事。晚年有在修行，在寺廟做佈施，還修得不錯。

第二世：妳是男生，妳因為前世，有修行佈施。所以，這一世賺錢沒問題。但比較辛苦勞碌。就是類似做現在的貿易，常常必須跑很遠，到處去做買賣賺錢。因為常常居無定所，事業心重，因此也沒結婚，晚年也有做佈施功德，也是蠻有福報的。

第三世：妳是男生，出生富貴之家，妳是做菸酒買賣商，但妳也有在護持寺廟佈施，也很賺錢。妳娶了兩個老婆，她們都是看上妳很有錢。所以，很會盧妳、算計妳。妳對妳的感情很困擾，有點嚇到。因為，妳喜歡自由簡單的生活。家人很有錢，也對妳很好，都會給妳錢。妳就這樣過一生。

第四世：妳是女生，因為妳累世都還有積福報，都過得還不錯。這一世的先生很會賺錢，也對妳很好，會給妳錢，就是脾氣不好，很有個性。但是異性緣好，後來有外遇，被妳知道，妳就和他離婚。妳生了兩個小孩，有一位跟妳很不和，很有意見。一位和妳很好，對妳很孝順，妳都要圓滿的。

第五世：妳是女生，妳因為敏感體質，很容易卡到，影響健康，常常不舒服，又苦無對策治好。有結婚，但妳先生對你很好，很會賺錢，也有宗教信仰。常常為妳消災祈福。妳雖然體弱多病，因為累世福報，還很助他的財，所以他很疼妳。

第六世：妳是男生，能力很好，很會賺錢，事業也是，做海外生意，常常跑很遠、很忙碌。這一世，一邊修行一邊做生意，也沒結婚，就這樣過一生，所以妳是位很獨立的人。

第七世：妳是女生，妳有結婚，和先生一起經營做跟宗教有關的生意，先生對妳也很好，很助妳財運，兩人同心，協力賺錢。你們忙於事業，也自然而然沒生小孩。互相扶持，修行過一生。

第八世：妳是男生，做仲介方面的事業，很會賺錢，什麼東西的仲介都做。妳也沒結婚，就這樣過一生。

第九世：就是現在這世，妳會有錢，應該是要圓滿家人，感情也是很坎坷，妳能力很好，不輸男生，所以妳也很獨立。好像很多事都圓滿了，妳應該也是最後一世了。因為妳好像一路走來，對很多事也隨緣了。

案例七十一

廉貞 貪狼 忌 癸巳 子	巨門 甲午 夫	天相 乙未 兄	天同 天梁 祿 丙申 命
太陰 文曲 華蓋 右弼 壬辰 財		丙子年七月五日 子時	武曲 七殺 天喜 丁酉 父
天府 天刑 紅鸞 辛卯 疾	水二局		太陽 文昌 左輔 科 戊戌 福
陰煞 庚寅 遷	紫微 破軍 辛丑 友	天機 權 庚子 官	忌 沖 己亥 田

問：我與家人的因果。

案例七十一

詢問者相關人對象 先生：兔 兒子：鼠 媳婦：豬 孫子：牛 大女兒：猴

二女兒：狗 13.7.5

原始是媽祖身邊的武將，妳先生屬兔的，是媽祖身邊的傳令官（女生）。因為工作關係，常常碰面，日久生情，妳在管理弟子方面，太過直接和嚴格，造成底下的人都對妳有意見。所以，妳每到一個團體，就會有人對妳很不滿，需要妳學習溝通。妳屬鼠的兒子，就是妳的弟子，也是最叛逆、鬼點子最多的，媳婦是弟子裡面跟妳很合，最聽話的，大女兒也是弟子裡面最愛玩、最愛享受的一個，也是妳要協調的，他也很會跟妳計較。孫子屬牛的和二女兒，是弟子裡面很幫妳的一位，跟妳還很合。你們兩個被打下人間學習，妳來人間六世了。

第一世：妳是男生，很會賺錢，很有錢，家裡都靠妳資助，這世妳屬兔的先生是妳太太，他因為常被朋友找去亂投資或合夥做生意而賠錢，但妳還原諒他，對他很好。這世屬鼠的兒子，是妳的好朋友，有助到妳的財運，跟妳很好。屬豬的媳婦，是妳幫兒子選的，妳也對她很好，結來的善緣。孫子屬牛的，是屬鼠的情人，所以，他們感情也很好，後來成為他第二位老婆。因為，他都幫屬鼠的賺錢，所以屬豬的媳婦，這世雖然是他女兒，他也很疼她。大女兒屬猴的，這世是妳的好姊妹，會計較錢財的事，她和妳家人都不和，很早就出外。二女兒屬狗的，這世是妳的好兄弟，有助你財運結善緣。

第二世：妳是男生，妳會看相、算命，有在修的居士，所以比較沒賺錢，有結婚是屬兔的，這世妳比較賺不到錢，屬兔的很努力賺錢幫妳持家，做到生病而死。所以這世妳是欠他的，屬鼠的兒子，這世也是妳兒子，也很努力賺錢給妳，這世結的緣，是好緣，所以，妳也欠他。妳因為有在修，也有在佈施做功德，常去廟裡幫忙做義工。

所以這世有累積一些福報功德。

第三世：妳是女生，因為前世有修和累積功德福報，所以財運還不錯，但因為出生家裡沒錢，妳去青樓上班，就是現在的酒店，妳還蠻會應酬的，賺錢有存下來。但因為妳覺得賺這種錢，會破壞人家的家庭，業障很重，後來，妳就去廟裡住，一邊修行，一邊做功德，消妳做這行業的業障。

第四世：妳是女生，因為前世，有做佈施福報，所以出生富貴人家，人又長得很漂亮，招來很多爛桃花，後來遇到屬兔的，是當官的，兩人互相投緣就結婚了。妳先生也是當官的，又娶了妳千金大小姐，所以，也有很多爛桃花要來誘拐他，後來，妳把他的錢都拿來管，才防止他被爛桃花誘拐。

第五世：妳是女生，妳做的事業是跟宗教有關的，賺很多錢。所以，妳也回饋給廟裡，這一世，屬兔的，也是妳先生，互相一起打拚，感情很好。屬鼠的兒子，也幫妳賺很多錢，他負責跑外面的業務，他為了賺錢，還設計朋友，所以這世造了一些壞朋友的因。

第六世：就是現在這一世，所以妳兒子在還朋友債，這世都遇不到好朋友，妳也在還兒子債，因為他有兩世都是賺錢給你的債。先生和其他小孩的緣，基本上累世都還不錯，這世好好修，看能不能不再來輪迴了。

案例七十二

天梁 左輔 癸巳 命	七殺 甲午 父	天喜 乙未 福	廉貞 忌 丙申 田
紫微 天相 壬辰 兄		丙寅年二月六日 戌時	右弼 丁酉 官
天機 權 巨門 辛卯 夫	水二局		破軍 華蓋 天刑 戊戌 遷
貪狼 忌 沖 文曲 庚寅 子	太陽 紅鸞 太陰 辛丑 財	武曲 文昌 科 天府 陰煞 庚子 疾	天同 祿 己亥 遷

問：我工作上相處得很好的朋友，與他們有何因果？

案例七十二

詢問者相關人對象 有因緣者：龍，兔，豬 3.2.6

原始是神明（媽祖）底下的文官，長得很斯文，異性緣很好，跟仙女屬龍和屬兔的產生感情，然後你個性較會算較龜毛，得罪一些人和做錯事，就被打下人間學習！你和媽祖有緣，有事可以常去拜祂，你來人間七世了。

第一世：你是男生，你是書生，後來當上老師。你有結婚，但還是有些異性喜歡你，甚至會給你錢，對你很好，尤其是學生。你常常被老婆唸，偶爾會吵架。這一世，你過得很自在，沒事就出去走走玩玩。

第二世：你是男生，這一世是做生意的，和兄弟朋友造了一些業障，因為做生意，你覺得必須奸商才能賺到錢。這一世主觀意識很強，動了很多心機不要讓你討厭了，這朋友再怎麼對你努力，你都不會喜歡他了。你也很愛玩，有空就出去走走。這一世有結婚，老婆是屬兔的，長得很漂亮，跟你很合、很黏你喔！你這一世，因為忙於做生意，疏忽對家人的照顧，等於欠家人的，以後要圓滿。

第三世：你是男生，也是做生意的，很會賺錢，口才不錯，你有兩次婚姻，第一次和屬兔的，結果，屬兔的生不出小孩，無法懷孕，然後你們常常吵架就離婚了。後來，你又和屬龍的結婚，也是沒生小孩，因為，你們聚少離多，你常常出外去做生意，所以根本沒時間生小孩。

第四世：你是男生，這一世你很愛玩樂享受，也不做佈施功德，福報在這世都被你用光，造成你賺錢越來越難賺，身體也很不好。你一開始，都是桃花一個交過一個，錢也花光，身體也不好，很早就死於心臟病和腎臟病。

第五世：妳是女生，這一世家裡也沒錢，你去青樓上班，就是現在的酒店，有時候，你騙客人的錢。後來，只是有和人同居，是屬龍的和屬兔的，先和屬龍的在一起，後來不和分手，又和屬兔的在一起，這一世就這樣過一生。

第六世：你是男生，因為累世都不做佈施功德，所以你這一世過得很辛苦，賺錢很辛苦，還沒存什麼錢，遇到的兄弟朋友，也都來破你財的。有娶老婆，是屬兔的，但因為你都賺不到錢，也常常吵架，後來就離婚了。晚年，因為都沒錢，就去寺廟住，還多少跟著修行做功德。

第七世：就是現在這世，你還年輕，可以好好思考，如何圓滿這一生。

案例七十三

天機 權 癸巳 財	紫微 甲午 子	乙未 夫	破軍 丙申 兄
七殺 天刑 文曲 華蓋 忌 沖 壬辰 疾	丙子年八月十六日 子時		天喜 丁酉 命
太陽 右弼 天梁 紅鸞 辛卯 遷	火六局		廉貞 忌 天府 文昌 科 戊戌 父
武曲 天相 庚寅 友	天同 祿 巨門 辛丑 官	貪狼 陰煞 庚子 田	太陰 左輔 己亥 福

問：我與家人的因果。

案例七十三

詢問者相關人對象 先生：牛 小孩：鼠，狗，虎 13.20.16

原始是神明底下的總管，管很多事，什麼都要管，而屬牛的先生，是神明底下的將士，意見最多，因為要引起妳的注意，他很喜歡妳。最後，你們產生感情，然後，妳修行管理、處理得不好，被打下人間學習，妳來人間六世了。

第一世：妳是女生，也是和屬牛的結婚，妳在當官的人家當總管，妳因為職務之便，有些人會拜託妳，有卡官司的，必須賄賂官大人的，就請妳幫他們的忙，塞東西或錢給大人，結果妳都從中取利，造了一些業障。妳和妳先生感情很好，妳先生都覺得，妳賺得比他多。然後，他就聽朋友的話，去投資想多賺些錢，結果都是賠錢的，你們就為此吵架。小孩也是屬鼠、屬狗、屬虎，他們看在眼裡，都為妳好，也對妳先生有些意見。

第二世：妳是男生，很辛苦。因為沒積福報功德，妳這世很勞碌。到處跑，都跑很遠的地方工作，也當過漁夫。因為都賺不到錢，也因為這樣，妳沒結婚，妳對妳的生活覺得不安定，但也這樣過一生。

第三世：妳是女生，妳在青樓上班，就是現在的酒店，妳有拐客人一些錢，妳有結婚，是屬狗的兒子，但他為了賺錢，長期在外，他也不知妳去青樓上班，屬虎和屬鼠的小孩，跟妳是很好的姊妹淘，他們都有助妳財喔！

第四世：妳是女生，妳能力很好，自己做些小生意，桃花也很多，都對妳很好，也會給妳錢。妳每天都很忙，忙到也沒結婚，也不知道做佈施功德，所以福報越來越少。

第五世：妳是女生，妳很愛賺錢，也很努力賺錢。妳這世有結婚，也是屬牛的先生。這一世他還有賺錢，對妳很好，錢都給妳。可是，妳都遇到一些不好的朋友，都亂騙妳投資破財，造成妳欠你先生的，因妳把他給妳的錢，也莫名其妙花光。這世屬鼠和屬虎的也是妳小孩，跟你結善緣。

第六世：就是現在這世，妳要圓滿夫妻、小孩、兄弟朋友間與錢財的事，看妳如何用智慧走出來了。

案例七十四

巨門 文昌 辛巳 官	廉貞 天相 右弼 陰煞 壬午 友	天梁 癸未 遷	七殺 左輔 甲申 疾
貪狼 庚辰 田		庚午年五月六日 巳時	天同 忌 文曲 紅鸞 乙酉 財
太陰 科 天喜 忌 沖 己卯 福	火六局		武曲 權 華蓋 丙戌 子
紫微 天府 戊寅 父	天機 天刑 己丑 命	破軍 戊子 兄	太陽 祿 丁亥 夫

問：我自己和身邊的朋友有何因果？

案例七十四

詢問者相關人對象 有因緣者：虎，牛，豬 7.5.6

原始是神明（關聖帝君）底下的武將，有在傳令的傳令官，和做很多總務的事，關聖帝君很疼妳，也很相信妳，就很喜歡找妳幫他處理事情。所以，妳常常很忙，辦事能力也很好，結果卻被屬豬的喜歡上，你們又很合很有話聊，很快就產生感情。然而他異性緣很好，被妳抓到。他還有另一個桃花，就是現在說的劈腿。妳就和他吵架。吵到被很多人知道，當然關聖帝君也知道，祂就把你們打下人間學習，妳來人間六世了。

第一世：妳是女生，妳和屬牛的碰上，本來是一起工作，日久生情，他也對妳很好，都會贊助妳錢。因為他怕妳太辛苦。妳也對他很好，常常幫他助他財運。後來有結婚，可是因為工作關係，你們是聚少離多的。很久才生了一女兒。這一世，你們遇到的兄弟朋友都很自私，心機很重，都想找你們投資，破你們的財，還好你們都很小心！沒上當，應該說，也沒多餘的錢投資啦！

第二世：妳是男生，妳都不知道修行佈施功德。所以這一世還是過得很辛苦，很勞碌，到處跑、或遠行，還是沒賺到什麼錢。屬虎、屬牛、屬豬的，都曾是妳的情人。因為妳沒錢，也不敢結婚。妳就這樣辛苦過一生。晚年也沒錢，只好去寺廟住，順便修行，做佈施功德。

第三世：妳是男生，因為前世有佈施功德。這一世就很好命，出生富貴家庭，妳還是當官的。然後就有一些朋友利誘妳，貪汙包工程賺錢，妳造了一些業障。妳這一世娶了兩位老婆，一位是屬虎的，一位是屬豬的。屬牛的，這一世跟妳是很好的朋友，工作上會互相配合賺錢。還好，妳還懂得佈施做功德，偶爾佈施錢，給廟做一些公益，還有一些福報。

第四世：妳是男生，妳很會賺錢，但也很會算。剛開始做生意，後來乾脆蓋個廟，讓很多人來佈施，這一世有結婚，太太是屬豬的，後來不和就吵架離婚。

第五世：妳是女生，妳很愛玩、愛吃，還蠻有福氣享受的。這一世有結婚，是屬豬的，先生比妳大很多歲，所以很疼妳，這一世，生了三個小孩，就這樣過了一生。

第六世：就是現在這世，妳要圓滿家人、夫妻、兄弟朋友，就是佈施功德太少，要用福報轉妳的運，希望可以讓自己生活更幸福圓滿。

案例七十五

天相 丁巳 友	天梁 陰煞 戊午 遷	廉貞 七殺 天刑 天喜 己未 疾	忌 沖 庚申 財
巨門 文曲 丙辰 官	金四局	戊寅年十一月十一日子時	辛酉 子
紫微 貪狼 祿 乙卯 田			天同 華蓋 文昌 壬戌 夫
天機 權 忌 太陰 左輔 甲寅 福	天府 紅鸞 乙丑 父	太陽 科 右弼 甲子 命	武曲 破軍 癸亥 兄

問：與家人的累世因果。

案例七十五

詢問者相關人對象 先生：兔 女兒：龍 兒子：豬 媽媽：虎 15.23.11

原始是神明底下的仙女，當的職務是常常跑來跑去的，和屬兔的先生產生感情，還有，和一些仙女處得不好，被投訴到神明那裡，被打下人間學習，妳來人間四世了！

第一世：妳是女生，妳是出家人，在寺廟裡當到總務。所以，事情很多很忙，也常常要協調廟裡出家人的口舌是非，媽媽屬虎的，也是廟裡的出家人，很依賴妳，因為她年紀大，女兒屬龍，也是跟妳一起的出家人，相處很好結善緣。妳這世就這樣過一生。

第二世：妳是女生。這一世妳過得很辛苦，妳又嫁給屬兔的先生。但兩人，都賺不到錢，生活很辛苦。甚至為了賺錢，夫妻兩人都出外去打拼，靠妳媽媽屬虎的幫你帶兩個小孩，屬龍的和屬豬的，這一世，妳是疏忽家人的照顧，所以妳是欠家人的，必須要圓滿。

第三世：妳是男生，很愛玩、很天真，沒有很積極，很有桃花運，都沒遇到好的人，所以這世沒結婚。屬兔的，也是妳這世的情人而已。後來因為不和，常爭吵而分手。妳一直沒有做佈施功德。所以這世也過得很辛苦，賺不到什麼錢。要小心經營婚姻，不然很容易離婚。

第四世：就是現在這世，妳先生屬兔的，不太會賺到錢，妳會比較辛苦，就是賺到錢也會為先生花掉或給他。妳必須圓滿媽媽和小孩，他們有事，都是第一個想到要找妳的。妳從天上下來歷劫，一直都沒在做圓滿眾生的事。第一世，也只是做出家人的事，不知佈施做功德，結果每一世的生活更辛苦。要不然，妳沒有造很大的業障，開悟後，妳可以早早回到天上的，可以不再輪迴了，就看妳這一世，如何圓滿了。

案例七十六

天相 丁巳　田	天梁 陰煞 文昌 右弼 科 戊午　官	廉貞 七殺 己未　友	左輔 忌 沖 文曲 庚申　遷
巨門 丙辰　福	戊午年五月五日 辰時		紅鸞 辛酉　疾
紫微 天喜 貪狼 祿 乙卯　夫	水二局		天同 華蓋 壬戌　財
天機 忌 太陰 權 甲寅　命	天府 天刑 乙丑　兄	太陽 甲子　夫	武曲 破軍 癸亥　子

問：我與家人的累世因果。

案例七十六

詢問者相關人對象 太太：鼠 女兒：雞 兒子：狗 哥哥：兔 295.185.185

原始是神底下的天使，常常幫神跑來跑去，處理眾生的事，但你很龜毛，要求完美，造成自己事情都做不完，你太太在天上，算是和你是同伴，很有話聊，但也溝通不良，你們兩人處理別人的事，方法不同，有意見沒處理好，影響整個團體的人，都很難帶。女兒屬雞，也是在你管轄下的小天使，也很有意見。兒子屬狗的，是你的上司。所以，你比較管不住他，在天上，你們也不和。哥哥是你的同伴，在天上是女生，對你產生感情，對你很好，很付出喔！你們一起被打下人間學習，你來人間五世了。

第一世：你是女生，在青樓上班，就是現在的酒店，長得很漂亮，又很有人緣，很多客人，都會給你錢，你也很會算，懂得討男人喜歡。這一世沒有結婚，因為桃花不斷，你屬鼠的太太，是你很好的朋友，都會幫你擋酒，會推掉客人。你哥屬兔，和女兒屬雞的。這世，是很喜歡你的客人，給你很多錢，甚至被你騙了都很甘願。

第二世：你是女生，很漂亮，又很會賺錢，有結婚，先生是當官的，是你屬鼠的太太，你在私底下收了很多賄賂，造了很多業障，後來，被你當官的先生知道後，就跟你離婚，她又娶另一個她的桃花。你因為造很多業障，離婚後一直破財生病，就被教堂收留，晚年住教堂。

第三世：你是女生，長得很漂亮，有結婚，與先生一起工作賺錢，是屬狗的哥哥，這世就這樣過一生，沒生小孩。屬雞的女兒，和你是很好的朋友，幫助你做生意賺錢，結來的好緣。這世，屬鼠的太太跟你只是工作上的好朋友，也有助你財運喔！屬狗的兒子也是你工作上的好夥伴。但沒助你很多錢，還很會跟你計較喔！

第四世：你是男生，你是當官的，你有收賄賂，有些事還誤判，娶四個老婆，屬鼠的是大老婆，屬狗的哥哥是二老婆，屬雞的女兒是三老婆，第四個老婆，這世沒出現。你因為有收賄賂，就把一些錢拿去積福報功德。所以還好影響你第五世，還是會有錢。

第五世：就是現在這世，好好努力，還是會有賺到錢，就是要圓滿前幾世的因果。可能會莫名其妙地捲入官司，和夫妻感情的溝通，與家人間的相處。

案例七十七

天相 癸巳 夫	天梁 甲午 兄	廉貞 七殺 華蓋 乙未 命	丙申 父
巨門 祿 壬辰 子	辛未年一月十一日 未時		天刑 忌 沖 丁酉 福
紫微 貪狼 文昌 忌 辛卯 財	金四局		天同 戊戌 田
天機 太陰 陰煞 庚寅 疾	天府 辛丑 遷	太陽 權 庚子 友	武曲 破軍 文曲 科 己亥 官

問：我想問我自己的累世因果。

詢問者相關人對象：無 8.13.11

案例七十七

原始是神佛底下的仙女，專門在幫忙處理仙女間的人事協調和學習，可是處理中不盡如人意，有些人都不先反省自己的缺失，一味地指責別人的不是。所以，妳也被陷害，神佛也知道，但是覺得你要學習領悟管理，就讓妳下來人間學習，妳來人間四世了。

第一世：妳是女生，妳一出生，就被父母遺棄，妳被寺廟收養，就在寺廟生活長大，妳自然地幫寺廟處理很多雜物，妳做事，很小心龜毛，但因為人是最難相處的，妳因為這樣也遭小人陷害考驗，甚至有人要逼妳離開寺廟。妳很感恩，忍耐的繼續幫忙。因為妳很感恩寺廟的收養，等於是妳的家。妳心地善良，這樣好好修持過一生。

妳真的就是好好學習，沒造什麼業障。你媽媽是妳在寺廟裡的長老，她很照顧妳、幫你，就像自己的媽媽，結來的善緣。

第二世：妳是男生，妳當老師的。但是在外地到處跑的。這一世，妳都是靠自己的，也忙著教學，沒有結婚。但有些很好的學生都很感恩妳，陪著妳到老。妳就這樣過一生，沒有造什麼業障，也沒有很多錢。妳甚至看到沒錢的小孩，還會資助他們，所以，就這樣很清寒簡單的過一生。

第三世：妳是男生，妳到處遠行。一邊工作，一邊旅行，結果存不到什麼錢，甚至，有試著交女友，結果都是爛桃花，讓妳也不熱衷結婚和感情，算是看透了，所以這是沒有結婚，單身過一生。後來找了一間寺廟長住到老，也學習修行佈施。

第四世：就是現在這一世。所以，妳也不想結婚，也是從事教學，很愛和小孩相處。因為，妳累世的感受是覺得跟小孩相處，會比較單純快樂。妳累世也沒有造什麼業障，都有通過考驗，應該這世也可圓滿了，不用再來輪迴了。

案例七十八

紫微 七殺 文曲 己巳 遷	陰煞 忌 沖 壬午 疾	天刑 癸未 財	甲申 子
天機 天梁 庚辰 友	土五局	庚午年十一月八日 丑時	廉貞 破軍 文昌 乙酉 夫
天相 己卯 官			華蓋 丙戌 兄
太陽 巨門 祿 左輔 戊寅 田	武曲 貪狼 權 己丑 福	天同 太陰 科 右弼 忌 戊子 父	天府 丁亥 命

問：我想知道我自己的累世因果。

案例七十八

詢問者相關人對象：無 7.11.8

原始是神明底下的仙女，但妳都在教他們練武功和練舞，算是比較武職的。也常常到處亂跑出去執行一些任務。因為長得漂亮，又很有能力，就有很多桃花喜歡你。甚至有些人就設計要妳上鉤，真是紅顏多薄命，造成感情上都很坎坷，妳要學會看清楚和保護妳自己。因為妳個性很獨立。這當中，妳又被陷害，所以，被神明打下人間學習，妳來人間五世了。

第一世：妳是男生，妳是當官的，很有權勢，也很會賺錢。自然就有很多女生喜歡妳。這其中，她們都互相吃醋，耍心機，陷害對方，要逼對方離開妳，妳看得出來也覺得很煩，常常試著去排解。妳這世娶了兩個老婆，都是住很遠的。甚至是外國人。所以，妳累世的正緣，應該都是在遠方。妳雖然娶了兩個老婆，還是有很多桃花喜歡妳。妳就一輩子為了公事和處理桃花的事在忙，也就這樣過了一生。

第二世：妳是男生，妳在廟裡當總務，處理很多事情，認識很多人。這一世，妳也有很多桃花，但她們都是來討債的，都會來破妳的財。就是前世妳要和她們圓滿的。結果妳因為這樣，也看，很多人、事、物。妳對感情放下了。應該是，怕到不敢結婚吧！所以，這一世妳是沒結婚的。

第三世：妳是女生，出生在國外，五官很深，很漂亮，出生的家庭也有錢，妳一貫作風，很獨立，也很會賺錢，也是桃花一堆，都不是很好的，也達不到妳的理想。後來有結婚又離婚。因為發現，他跟妳結婚後，就變得好逸惡勞，妳很受不了。妳這一世，也是什麼事都是靠自己，算是勞碌命。晚年，妳有去寺廟修行，就這樣過一生。

第四世：妳是男生，妳和現在的前夫屬龍（這一世是女生）的有結婚，生了一位女兒。但他很愛玩，不做家事。甚至在外有小王，被妳發現，妳就和他離婚，獨力扶養女兒。這是妳和前夫未圓滿的事情。但女兒很孝順妳，跟妳很好。妳後來得了肺癆往生了。這一世跟女兒沒有相處很久。是妳這一世要圓滿的。但女兒也是跟妳個性很像，很獨立，很會賺錢，她照顧自己是沒問題的。

第五世：就是現在這一世，妳和前夫屬龍的，就是要圓滿前世未圓滿的事。所以，這世又遇到。可是，他還是，很愛玩、沒責任感。妳欠他一個女兒，也欠妳女兒，就是要陪她到結婚、生子，妳要照顧好自己身體，不要只顧賺錢。希望妳能開悟，去圓滿累世未圓滿的事，不要再來輪迴了！

案例七十九

紫微 七殺 兄 丁巳	紅鸞 命 戊午	忌 沖 父 己未	天刑 官 庚申
天機 天梁 陰煞 夫 丙辰	癸酉年十二月十日 未時 火六局		廉貞 破軍 祿 田 辛酉
天相 文昌 左輔 子 乙卯			官 壬戌
太陽 巨門 權 財 甲寅	武曲 貪狼 忌 華蓋 疾 乙丑	天同 太陰 科 天喜 遷 甲子	天府 右弼 文曲 友 癸亥

問：我一生勞碌，和家人的因果。

案例七十九

詢問者相關人對象 先生：猴 女兒：兔 10.12.10

原始是神明來轉世，因為太慈悲了，幫眾生擔到業障，為了救人，犧牲自己的性命，而被打下人間學習，妳來人間六世了。

第一世：妳是女生，很會賺錢，能力很好，也很有玩樂的運，到處跑來跑去，長得很漂亮，所以也有很多追求者。妳對兄弟朋友都很好。屬猴的先生，這世是妳很好的朋友，也是妳的桃花之一，妳延續在天上的能力，會通靈辦事，做一些救度眾生的事，也剛好救了屬猴的一命，結來的善緣！

第二世：妳是男生，妳會算命。而且是走到哪裡算到哪裡。這一世也是很獨立，凡事靠自己，早早就離家，出外行走，救度眾生。因為處理眾生事，也看很多，所以，沒有結婚，與屬猴的先生，也是同居一段時間。因為妳要遠行，和屬猴的桃花運，也很好是善緣。最後，是不和分手的。妳因為慈悲，也沒有很執著前面之事。所以，到晚年還是兩袖清風，就這樣行走一生。

第三世：妳是男生，會通靈辦事的。這一世，又認識妳屬猴的先生。有結婚，但結婚三十八年，因為個性不合又離婚了，造成感情的不圓滿。屬兔的女兒，這一世是妳的好朋友，妳辦事的時候，她都在旁邊幫妳，結來的緣，算是不錯，妳就這樣過一生。

第四世：妳是女生，妳到處幫人算命，妳有結婚，又是屬猴的，他這世很會賺錢，對你很好。屬兔的女兒，也是妳的小孩，這一世，過得還不錯。也沒有和屬猴的離婚，算是比較圓滿的一世，只是在處理眾生方面，有些並不是很圓滿，因為妳很容易相信人，被人利用了都不知道，有些人是不能幫的，妳多少擔到對方的業障，所以必須再來輪迴。

第五世：妳是男生，妳很愛玩，修行不認真，到處去遊玩。甚至出國，跑很遠，做各種生意，一邊玩，一邊做，就是不修行。偶爾結交女朋友。但都沒結婚，妳就這樣過一生，這一世活到二十七歲，就心臟病往生了。所以，要注意自己的心臟保養喔！

第六世：就是現在這一世，妳會很有錢，也是與家人無緣，會到異國生活。所以由泰國嫁到台灣來，與先生屬猴的就是聚少離多，他也很花心，在外有小三，又不願和妳離婚，這些都是要圓滿的，用智慧去面對處理，看能否不要再來輪迴了。

案例八十

天相 乙巳 兄	天梁 右弼 陰煞 天喜 丙午 命	廉貞 七殺 華蓋 丁未 父	左輔 戊申 福
巨門(忌) 文曲 甲辰 夫	丁卯年五月四日 子時		己酉 田
紫微 貪狼 癸卯 子	水二局		天同(權) 文昌(忌)(沖) 庚戌
天機(科) 太陰(祿) 壬寅 財	天府 天刑 癸丑 疾	太陽 紅鸞 壬子 遷	武曲 破軍 辛亥 友

問：我與家人的累世因果。

案例八十

詢問者相關人對象 先生：狗 小孩：鼠和牛 弟弟：蛇和馬

妹妹：龍 4.5.4

原始是神明來轉世，妳因為遇到的眾生和妳的部屬們，都是很有心機又很會說謊，妳被出賣，又處理不好。妳這世遇到的都是妳沒處理好的人。像屬狗的先生是你最疼的部屬，所以，他都可以像小孩子的盧妳，或對妳很多意見，妳還是沒輒。屬鼠的小孩，是妳很有能力的部屬，妳就很放心把財務交給他處理。後來，他起貪念，一直在轉走妳的錢到他身上。屬牛的小孩，是能力很好，好到自我觀念重！很獨立。屬蛇的弟弟，是妳的宰相，很會對妳出意見想幫妳，卻幫倒忙，害妳忙於一些無謂的事情。屬馬的弟弟，他會比較積極點，可是因為是妳下面的文書官，遇到事情還是很會找妳商量幫忙。屬龍的妹妹，是妳下面的仙女，很愛管事和管人，也常常跟妳說一些事煩妳。妳因為自己太心軟，被他們吃死死，管理不好，被打下人間學習，妳來人間七世了。

第一世：妳是男生，當老師的，收很多學生，也很會賺錢，忙於工作，而錯過結婚。但是相對的，學生都帶給妳很多的問題。妳好像永遠有處理不完的事。走到哪裡都很忙。後來妳頓悟了，晚年在寺廟當義工，順便修行，妳就這樣過一生。

第二世：妳是男生，妳是個算命師，走到哪裡算到哪裡。異性緣很好，但因為妳都四處去算命。所以，每段感情都不持久。這一世也沒有結婚。妳為了賺錢，有造了些口業，因此，妳必須圓滿兄弟朋友間的口舌是非，所以，兄弟朋友對妳都很有意見。妳晚期也在寺廟住。這一世有進步，除了當義工，還知道多少要佈施一些錢。屬鼠的小孩，是妳的算命客人，很崇拜妳、相信妳。妳就找他做一些投資。結果錢都賠光，所以妳這一世要還他，會為他揹到負債。屬狗的先生，這一世是妳的桃花之一，而且沒有結婚，但是妳對他還是很照顧。

第三世：妳是女生，長得不錯，還蠻有錢的。因為前世有佈施錢財。結了兩次婚姻，都離婚。後來，還當有婦之夫的外面小三。這世欠了感情債！後來妳一路感情坎坷，看透了，也就遁入空門出家。屬牛的小孩。這世是妳第一段婚姻生的。離婚後，一直跟著先生，所以，他深藏內心，對妳有些埋怨，妳也莫名其妙必須處處迎合他、彌補他。

第四世：妳是女生，妳因為前世有修行佈施功德，這一世，出生富貴之家，就是要還感情債。所以，遇到的桃花都是為了妳的錢來的，遇到的兄弟朋友，都是很會跟你算計、用心機的。妳一路的坎坷，讓妳心念轉不出來，一直抑鬱寡歡，後來得了肺癆死了。

第五世：妳是女生，長得很漂亮，家境不是很好。因此妳入青樓，很會賺錢，妳反應好，很會應酬客人，所以算是紅牌的。桃花也很多，但這世妳學會掌握桃花，讓桃花為了討好妳，不斷給妳錢。結果，妳卻被一個愛不到妳的男生把妳害死了，被他由山崖把妳推下，意外死亡！所以，妳應該有懼高症。

第六世：妳是男生，這一世，妳專門在幫縣老爺處理一些文件和官司，因職務之便，有很多人為了討好妳，請妳幫忙，有的現女色，有的現錢來賄賂你，讓妳常常必須應付這些，甚至，有人轉向妳家人對付，結果，妳家人真的貪到了，就造下妳和家人間的一些因果。妳後來是死於意外，因為太忙了，雜事太多，不專心，發生意外死亡，不是被害死的。

第七世：就是現在這世，妳就知道，妳為何？每天都這麼忙，每天都要處理很多事，要幫很多人了，而且健康常常出問題。這一世，如果用智慧處理圓滿，好好的修，看能否不要再來人間輪迴了。

案例八十一

廉貞 貪狼 左輔 辛巳 父	巨門 壬午 福	天相 癸未 田	天同 天梁 甲申 官
太陰 科 庚辰 命	庚午年二月三日 亥時		武曲 權 七殺 右弼 紅鸞 乙酉 友
天府 天喜 文曲 己卯 兄	金四局		太陽 祿 天刑 華蓋 丙戌 遷
忌 沖 戊寅 夫	紫微 破軍 己丑 子	天機 陰煞 戊子 財	文昌 丁亥 疾

問：我與家人的累世因果。

案例八十一

詢問者相關人對象 先生：虎 小孩：豬和猴 媽媽：猴 大姊：猴
二姊：豬 弟：龍 7.2.3

原始是神明底下的仙女，專門掌管發號施令和執法的事務。執法中，造了很多因果，有的誤判，有的人有很多怨，又是這世結緣的親人，都是妳在天上處理過和幫忙過的人。尤其屬豬的緣是，你們個性很像，也很容易不和。妳先生屬虎的，因為共事，在天上和妳產生感情，你們因此被打下人間學習，妳你來人間九世了。

第一世：妳是女生，妳有和妳先生屬豬的結婚，他是當官的，妳都幫他處理很多官司文件，你們很會賺錢。後來，有人羨慕你們是神仙伴侶，感情那麼好，又很會賺錢，你們的感情就被考驗了。兩人後來都各自感情出軌，各有各的桃花誘拐。桃花都是很強硬的，也去尋找法術，讓你們分開，你們就因為這樣，造了感情業障，必須圓滿，也繼續輪迴。

第二世：妳是男生，妳是當官的。屬虎的先生，也是男生，他是妳的幕僚，專門幫你處理公事。妳的桃花也很多，都是看上妳很會賺錢和才能。妳這世忙於公事，疏忽家人。屬猴的家人，這一世也是妳的家人，幫妳很多。所以，妳欠他們，可能有什麼事還是會找妳處理。

第三世：妳是男生，妳是一位戰將，當到統帥。妳因為到處去打仗，只有桃花，沒有結婚。妳先生屬虎的，也是妳的將士，他很忠心的，一直幫妳。這一世，妳就是一直到處去打仗，後來戰死沙場。

第四世：妳是男生，是經商之人，很會賺錢，到處跑，到處玩。妳先生，這世也是男生，跟妳是很好的合夥人，你們賺很多錢。這期間，遇到一些嫉妒你們的人，常常對你們作法或詛咒。這是妳必須承受的因果。還好有神佛幫妳解厄，所以後來都沒事。但是，妳最後因為長期奔波賺錢，就生病往生了，是新陳代謝問題，併發其他頭痛、頭暈，還有神經系統的問題。所以，妳要注意這方面身體的保養。

第五世：妳是女生，妳有靈異體質，很容易被鬼神上身。妳在寺廟幫人處理事情，妳先生屬虎的，是妳的文書，幫妳處理很多，也是賺很多錢，他很喜歡妳。你們後來有結婚，可是在辦事中，妳被一桃花喜歡上，他暗中叫人對妳施法，讓妳喜歡上他。後來，妳中了他的法，居然為了他，跟他遠走高飛了，他把妳的錢騙光了，妳才清醒，內心很痛苦，最後意外死亡。

第六世：妳是女生，妳的福報到這一世已經用盡。所以，妳這一世出生貧窮家庭，還被家人棄養，妳被青樓收留。妳從小學會如何跟男人拐錢，妳是被環境所逼。所以，一直找不到對妳真心的桃花，也因此沒結婚。算是很坎坷的一世。後來，妳有看透，晚期在寺廟住，有修行佈施做功德，希望來世好命一點。

第七世：妳是男生，妳有出家，因為能力好，所以當到寺廟的總務，妳很認真，盡心的處理廟務，有好好的修行，這一世就是這樣過一生。

第八世：妳是男生，妳因為前世的修行做功德，把業障轉變到這一世的桃花，都是對妳很好的桃花。妳做生意，也做得很好，很會管理和賺錢。就是還是會遇到一些會跟妳算計、心機重的兄弟朋友，這些也是妳要圓滿的。

第九世：就是現在這世，你要圓滿家人、夫妻間和兄弟朋友，妳這世好像都遇到了，那就是要妳用智慧了斷妳的因果，可能妳可以不用再來輪迴了。

案例八十二

天相 癸巳 夫	天梁 天刑 甲午 兄	廉貞 七殺 乙未 命	陰煞 忌 沖 丙申 父
巨門 天喜 壬辰 子	辛巳年十月十七日 申時		丁酉 福
紫微 貪狼 辛卯 財	金四局		天同 紅鸞 戊戌 田
天機 太陰 文昌 忌 庚寅 疾	天府 華蓋 右弼 左輔 辛丑 遷	太陽 權 文曲 科 庚子 友	武曲 破軍 己亥 官

問：我與家人的因果。

案例八十二

詢問者相關人對象 父：蛇 母：羊 阿嬤：猴
先生：虎 女兒：蛇 18.10.17

原始是神明底下的仙女，很愛玩樂享受，專門幫神明處理一些文書上的事，還會施法，先生屬虎的，是妳的夥伴。可是，他卻在文書上做錯事情，妳為了幫他處理，破了一些財解決。後來兩人結為親密夥伴，產生感情，被打下人間學習，妳來人間九世了。

第一世：妳是男生，妳是修行人，妳會施一些法幫人，本身也是有通靈體質。屬虎的先生，這世也是男生，是跟妳一起修行的好朋友，最後妳因為施太多法，死於意外。

第二世：妳是男生，妳當一位文官，可是因為妳原先出生家庭很窮，妳小時候窮怕了。所以妳很會算、很計較錢。兄弟朋友知道妳的個性，也想辦法騙妳的錢，後來錢都被騙光了。妳這世，娶了兩個老婆，都對妳很好、很幫助妳，也有提醒妳，別太相信朋友。可是他們利用妳的貪，也讓妳落入陷阱。

第三世：妳是男生，妳是算命師，因為累世沒做佈施功德。這一世出身家庭貧窮，在妳很年輕時，父母發生意外雙亡，妳沒錢讀書，但要有一技之長，賺錢養活自己，妳就去廟裡，求神明和廟公教妳算命。妳因為有第六感，有第一世的通靈體質，妳發現幫人算命還蠻準的，因為窮怕了，開始好了，又對人斂財。妳有結婚，妳的老婆本來是妳算命客人，她長得漂亮又很愛慕虛榮，看妳因為算命還蠻有錢的，就嫁給妳，可是後來，她卻把妳的錢都掏空，造成這世妳會算命，卻沒修行幫人和做功德佈施的業障，妳都顧著處理別人，而沒把自己業障消掉，和補好自己的福份，轉好業障。所以，也造了業障，晚年過得不好。

第四世：妳是女生，妳因為累世沒做佈施功德，這一世又出身貧窮人家。阿嬤是妳唯一的親人，她很照顧妳、疼妳。妳後來去青樓賣藝，妳很有人緣，也很有手腕，所以男客人都會給妳錢對妳很好。所以，妳賺的錢都會交給阿嬤。可是，妳因為造了這樣的業障，造成妳的感情都很坎坷，遇到的也都是愛妳的錢，對妳不真心。所以，最後妳是沒結婚的。晚期，妳也看透了，有去寺廟修行佈施做功德，希望來世好命一點。

第五世：妳是女生，因為前世有做佈施功德，這一世真的出生富貴家庭，妳長得很漂亮，是千金大小姐。這一世，妳和屬虎的先生有結婚，他是當官的，妳變成官夫人，你們感情很好，都會一起出遊，妳先生因為太勞碌公務。所以他很早就生病往生了，這是妳這世唯一的遺憾。阿嬤是妳的管家，就代替他陪妳到老，結的善緣。屬蛇的女兒這一世，是妳的好姊妹，都會助妳賺錢，結來的好善緣。因為助妳的多，所以，這一世當妳女兒，妳也很敢花錢在她身上，但以後會像姊妹很有互動。

第六世：妳是男生，很會賺錢，妳屬虎的先生是女生，你們有結婚，也是延續前世的緣，感情很好，可是，你先生屬虎的，這一世出生的家庭很會龜毛他，沒錢都找他，所以，他沒安全感，他很情緒化，他常常盧妳、煩妳。妳阿嬤這一世也是你阿嬤，她一樣很疼妳，看他對妳這樣，她很心疼，有時就會罵他，或叫妳跟他離婚。所以，他和妳阿嬤之間，就是會有些心結在，有點像吃醋吧！

第七世：妳是男生，妳是當官的，妳為人清廉自守。結果，有些人要賄賂，就不找妳而找妳家人下手，妳父母這世，也是妳的父母，就是收賄賂最多的，妳爸屬蛇的，因為有錢，就在外搞一堆桃花，你媽媽後來跟他是離婚的，他們也要承受接受賄賂的業障。所以，他們也過得不快樂。妳因為這樣，妳也沒結婚，怕被人設計。這一世，和妳屬虎的先生，是很好的同居人。但你們兩人，有一次出遊，就被人陷害死於意外。

第八世：妳是男生，妳是做生意的，很會賺錢。妳娶了一個小妳年紀很多的老婆。因為年紀小，很愛玩，居然把妳給他的錢都花光。妳發現她這樣，就和她離婚。所以造成妳對感情是沒安全感和不信任的。

第九世：就是現在這一世，妳要好好一一圓滿，應該也是可以不要再來輪迴了！

案例八十三

天梁 文昌 紅鸞 遷 己巳	七殺 忌 沖 左輔 疾 庚午	財 辛未	廉貞 祿 右弼 子 壬申
紫微 天相 友 戊辰	甲戌年三月四日 巳時		文曲 夫 癸酉
天機 巨門 官 丁卯	火六局		破軍 權 華蓋 陰煞 兄 甲戌
貪狼 田 丙寅	太陽 忌 太陰 福 丁丑	武曲 科 天府 父 丙子	天同 天刑 天喜 命 乙亥

問：我與家人的因果。

案例八十三

詢問者相關人對象 太太：豬 大哥：狗 父：兔 11.3.4

原始是神明身邊的武將，處理很多事情，所以能力很好，處理事情中，與屬豬的太太認識，產生感情，就被打下人間學習，你來人間六世了。

第一世：你是男生，出生富貴之家，家人都很疼，變成你有成為花花公子的現象。又長得很帥，桃花一堆。這世，欠了一些桃花債，又遇到一些兄弟朋友，看上你家有錢，看你又很愛玩，就找你亂投資，把你的錢騙光。晚年只好在寺廟住，多少學習修行和佈施功德。

第二世：你是男生，前世不知惜福，這世出生貧窮人家，家人沒錢養你，很早就把你送去寺廟生活，你學習很快，廟祝看你能力不錯，很快就讓你當到總務，處理很多事情。你大哥屬狗的，就是廟裡的住持，他很疼妳、幫你，你們是結來的善緣。你就這樣過一生。

第三世：你是男生，你是個到處跑來跑去工作的人，與家人無緣。凡事靠自己，因為生活不穩定，所以，你也不敢結婚。這一世，你疏忽與家人相處。尤其屬兔的爸爸，也是你爸爸。但是他很怨你，長期在外工作，都沒照顧他們，造成你們有代溝，或者他很會唸你。你屬豬的老婆，這一世跟你是很好的工作夥伴，幫你很多，也助你賺錢，是這一世結來的好緣。

第四世：你是男生，這一世你是生意人，很會盤算和理財，也很有投資眼光，很會賺錢，能力很好，很有錢。有些桃花，就是為了你的錢來的，被你發現了，你就分手，也讓你對愛情產生不信任感，所以這一世也沒結婚。

第五世：你是男生，也是生意人。有和屬豬的太太結婚，這一世你太太比你大三歲，很照顧你、幫你，你們夫妻忙於工作事業，有時聚少離多，也錯過、疏忽生小孩。所以，這一世有結婚，沒生小孩。但夫妻兩人感情很好。事業上也很有默契，就這樣共同生活一輩子。

第六世：就是現在這一世，你賺錢沒問題，兄弟朋友，常常有事情都會找你幫忙，你也樂於幫忙，也是你該圓滿的。夫妻間，這一世也結婚了，就是生小孩的緣會比較不順，可能會比較晚懷孕。你累世也沒造了很大的業障，應該可以好好圓滿，不要再來輪迴了。

案例八十四

巨門 文昌 左輔 辛巳 疾	廉貞 天相 壬午 財	天梁 癸未 子	七殺 甲申 夫
貪狼 庚辰 遷	庚午年二月九日 巳時		天同 忌 紅鸞 文曲 右弼 乙酉 兄
太陰 科 天喜 忌 沖 己卯 友	土五局		武曲 權 天刑 華蓋 丙戌 命
紫微 天府 戊寅 官	天機 己丑 田	破軍 陰煞 戊子 福	太陽 祿 丁亥 父

問：我與家人的累世因果。

案例八十四

詢問者相關人對象 媽：蛇 爸：馬 友：虎和龍
同父異母的哥：鼠 7.14.9

原始是關聖帝君身邊的武將，能力很好，可以做很多事，你在處理事情中，你去破壞了別人的感情，事實上，在天上是不能談到感情的，你自己也喜歡上一位女將士。後來被神明知道，被打下人間學習，你來人間五世了。

第一世：你是男生，你是當官的，很會賺錢，也有在修行，對兄弟朋友都很好，常常處理兄弟朋友間的事情中，造了一些口舌是非，和公事上的處理也不盡完美，有些事情，被誤導成判錯。你有結婚，是你在天上喜歡的女將士，應該是這一世的屬龍朋友。但是，你們被考驗，因為個性很像，都比較堅持原則，後來常常吵架到分居。

所以你延續在天上犯的錯，也沒有圓滿感情。

第二世：你是女生，但很有男生個性，你是自己做一小生意，算是自營商的。這一世屬龍的好友也是女生，你們相遇，就變成無話不談的好姊妹，甚至可以為對方互相不結婚的。你們兩人都很愛賺錢，事業心很重。這一世，你媽媽屬蛇的，在你事業中，有金錢上的週轉，她都很幫你，結來的善緣，所以，你媽媽有事都是找你，你還是欣然接受。你爸爸這一世，有和你媽媽結婚，他是比較，聽你媽媽的好好先生。所以，你爸爸也很疼你，你爸爸比你媽媽活得久。所以也陪你較久，你媽媽因為太容易操勞，比你爸爸早往生。這世你就和，屬虎的好友認識，你們是工作上結緣，但互相，很有默契，都會互相幫忙，甚至無話不談。同父異母的哥哥屬鼠，這世只是跟你工作上結緣，還不錯的廠商，沒有什麼交集，也沒有什麼因果要圓滿。

第三世：你是男生，你是位戰將，長年在外打仗，與家人聚少離多。這一世也沒結婚，這一世你欠家人的，因為，你都沒有照顧到他們。等你告老還鄉時，你的雙親都不在了。晚年你就在寺廟養老，順便修行佈施做功德。

第四世：你是男生，你是位很有專業技藝的老師，到處跑到處收學徒，屬龍的好友這一世是女生，是你的好桃花。因為你居無定所，也不敢結婚，但他就一路陪伴，不離不棄，跟著你、幫你，結來的善緣。你這一世，都在圓滿師徒之間和感情的問題。

第五世：就是現在這一世，你應該知道，為何感情方面都一直無法達到你要的。跟父母應該算是有圓滿了。其他，你自己好好思考，要如何走完，可以不用再來輪迴了。

案例八十五

天機 丁巳 財	天梁 忌 沖 紅鸞 戊午 子	己未 夫	破軍 祿 庚申 兄
七殺 天刑 文曲 丙辰 疾	癸酉年八月七日 子時		辛酉 命
太陽 天梁 右弼 乙卯 遷	木三局		廉貞 天府 文昌 壬戌 父
武曲 天相 甲寅 友	天同 華蓋 巨門 權 乙丑 官	貪狼 忌 天喜 陰煞 子 田	太陰 科 左輔 癸亥 福

問：我與家人的因果。

案例八十五

詢問者相關人對象 先生：屬猴 父：雞 母：狗

友：牛和兔 哥：狗 10.8.7

原始是神明底下掌官仙女的總務，類似管家一樣，管很多雜事。妳先生是別的神明武將，你們因為公務認識，互相聯繫，產生感情。還有妳處理仙女的事，犯很多口舌是非，造成不滿，被陷害。被打下人間學習，妳來人間八世了。

第一世：妳是男生，妳是當官的，屬猴的先生，因為也是男生，他成為妳的護法，很幫妳，很付出，妳也很信任他，一直輔佐妳，幫妳處理很多事。這一世，妳娶了兩個老婆，她們很會鬥爭。而妳做官清廉，不貪汙。別人就從妳家人下手，妳家人收賄收得很開心，殊不知害妳落入因果，也被人陷害，最後妳被朝廷查辦卸掉官職，妳只好入廟修行，度過餘生。好友屬牛，是妳的好朋友，在妳經濟出現問題時，曾經幫助過妳。好友屬兔，也是妳的同僚，也很幫妳結來的善緣。

第二世：妳是男生，妳是做生意的，做海運方面，到處跑來跑去，雖然生活很奔波勞碌，但也賺很多錢。屬猴的先生，這一世是妳的哥哥，你們互相信任，幫忙經營事業，他沒結婚，妳也沒結婚。晚年一路下來，都覺得無所依靠，兩人就一起入佛門修行佈施做功德，就這樣過一生。

第三世：妳是男生，妳因為前世有做功德佈施，還蠻有福報的。這一世，很會賺錢，做很多種生意，做什麼賺什麼。妳和屬牛、屬兔的，也是很好的朋友。妳先生屬猴的，也是妳很好的夥伴，在生意上，幫妳很多，幫妳賺很多錢。妳有錢，還懂得修行佈施功德，所以，這一世算是很平順、美滿的過完一生。

第四世：妳是女生，因為前世有佈施功德，所以這世出生富貴人家，也和屬猴的先生有結婚，妳先生對妳很好。所以遭人嫉妒，妳忙於照顧家計，妳的好朋友居然誘拐他，對他下符，讓他喜歡她，被妳發現，差點離婚，還好有神佛幫忙破解，造成妳對你們的婚姻，沒有安全感。但後來，也是有白頭偕老，因為你們累世結的是好緣。屬狗的哥哥和媽媽，在妳經濟有困難時，曾經幫助過妳。

第五世：妳是女生，也是很有福報，很會賺錢。工作上，認識妳先生屬猴的，也是一見鍾情，有結婚。這一世，你們夫妻很恩愛，可是，妳先生有點貪心，被兄弟朋友找去亂投資賠錢，造成你們的財運大來大去，有一段時間在修補經濟。所以，這一世要小心預防，不要讓他亂投資喔！

第六世：妳是男生，這一世，妳和好友屬牛的，與先生屬猴的，都是戰將。長期在外打仗，你們有互相扶持幫忙，結來的善緣。你們都沒結婚，這一世就這樣過一生。

第七世：妳是男生，妳有當官，與先生屬猴的是同僚，交情很好，都會互相幫忙。這一世妳有結婚，娶兩個老婆，兩人很會爭風吃醋。妳和屬猴的先生，反而比較有話聊。家人又趁妳職務之便，有跟人收賄賂。害妳又造了兄弟朋友間的業障。所以，妳很犯口舌是非，有些兄弟朋友，甚至會對妳挑撥，這是妳要圓滿的。

第八世：就是現在這世，妳要圓滿家人和夫妻間，還有兄弟朋友間，妳該如何圓滿，就看妳的智慧了，最好可以不要再來輪迴了。

案例八十六

廉貞 貪狼 權 己巳 福	巨門 陰煞 庚午 田	天相 忌 沖 天刑 辛未 官	天同 天梁 科 壬申 友
太陰 戊辰 父	己巳年十一月五日 酉時		武曲 祿 七殺 癸酉 遷
天府 丁卯 命	火六局		太陽 甲戌 疾
左輔 丙寅 兄	紫微 華蓋 文昌 破軍 文曲 忌 丁丑 夫	天機 右弼 丙子 子	乙亥

問：我與先生的因果。

案例八十六

詢問者相關人對象 先生：猴　6.11.5

原始是神明底下的仙女，妳能力很好、很會規劃。妳幫神明處理很多雜事，尤其是仙人們，的口舌是非，和各樣的不協調。妳和先生屬猴的在天上，因為有些事情必須共同處理，常常有聯繫而日久生情。在天上談感情這是犯錯的。然後處理仙人的事情中，也有些誤判，或產生不滿，因此被打下人間學習，妳來人間六世了。

第一世：妳是男生，妳是當官的，妳娶了兩個老婆，有生一位可愛的女兒，她很好動、很聰明，妳很疼她。可是保姆帶她出去玩，因為她太好動了，就墜崖死了。妳很傷心生氣，就判那保姆死罪，她心有不甘，臨死前詛咒妳生生世世沒有小孩。屬猴的先生，因為也是男生，就是在妳身邊的將士，很幫妳也很忠心，他這世忙於工作，也沒有結婚。妳雖然娶兩個老婆，但也從此沒有子嗣。晚年就有在寺廟，做一些修行佈施功德。

第二世：妳是女生，妳因為前世有做佈施功德，這一世出生富貴家庭，很好命的千金小姐，有和屬猴的先生結婚，夫妻感情很好。可是妳先生卻財運一直不好。因為他福報不夠，妳為此把娘家給妳房子，換成小一點的。但也這樣過了一生。因為這樣，妳也看透了，夫妻兩人，晚年也是在寺廟修行做佈施功德。

第三世：妳是男生，也跟屬猴的先生認識，是很好的好朋友。你們都各自有結婚，妳和妳老婆，也是一直沒辦法懷孕生小孩。屬猴的先生娶的老婆，也是很會賺錢，但脾氣很不好，甚至會打人。妳和屬猴的，還是很談得來的好朋友，你比屬猴的會賺錢。所以，他都跟著妳做。晚年，妳去廟裡修行，佈施做功德，他也跟著你去，你們就這樣過一生。

第四世：妳是女生，妳和屬猴的先生有結婚，妳娘家比較有錢，你們夫妻感情很好，就是屬猴的一直賺不到什麼錢，這一世也沒生小孩。你們之間，也會有些爭吵，在你們快要沒錢時，剛好妳娘家有留一些遺產給你們，所以，你們算是欠妳娘家的。可能這一世，很多事都會擔心操勞。

第五世：妳是女生，這一世，因為妳前世沒做佈施功德，所以，出生家庭貧窮，妳只好去青樓上班、養家。妳很會應酬，跟男人要錢。事實上，一些男人也對妳很好，妳因為歡場看多了，也沒有結婚。可能就是有幾段桃花債。這一世，沒遇到妳屬猴的先生，不然妳最愛的，還是他，所以就沒結婚。但妳因為是造業障的工作，錢賺一賺還是留不住，晚年，妳也沒存什麼錢。也去寺廟當義工修行，做佈施功德。

第六世：就是現在這世，妳和先生屬猴的，緣份很深也很合，就是生孩子，這世好像比較坎坷，很難懷孕。其他要圓滿家人和兄弟朋友家，好好思考，過完這輩子，看能否不要再來輪迴了。

案例八十七

巨門 辛巳　兄	廉貞 天相 壬午　命	天梁 癸未　父	七殺 甲申　福
貪狼 陰煞 庚辰　夫	庚午年十二月一日未時		紅鸞 天同 忌 乙酉　田
太陰 科 天喜 忌 沖 左輔 文昌 己卯　子	木三局		華蓋 武曲 權 丙戌　官
紫微 天府 戊寅　財	天機 己丑　疾	破軍 戊子　遷	太陽 祿 文曲 右弼 丁亥　友

問：我和家人的因果關係。

案例八十七

詢問者相關人對象 父：蛇 母：狗 兄弟：狗和龍 7.12.1

原始是神明關聖帝君底下的文官，管理很多事情。包括人與學生，你還有收一些徒弟，這裡面，有一個女的徒弟。因為崇拜你、喜歡你，更是把你搞得快人仰馬翻了，到處挑撥你，造成你有很多口舌是非，後來就被神明打下人間學習，你來人間八世了。

第一世：你是男生，你是做生意的，很會盤算和企劃，兄弟朋友很喜歡找你投資合夥，會跟你說服，或說謊騙你，害你搞到賠錢。後來，你也不敢結婚，這世，是你媽媽在你經濟危機時，拿錢出來幫你。所以，你欠你媽媽，你們互相是依賴的。你因此看透了，就入佛門，修行佈施做功德，這一世就這樣過一生。

第二世：你是男生，你很小就很想出家，但家人阻礙你，你後來考上狀元。就被分配到外地去當官，你做得很清廉公正，屬狗和屬龍的兄弟，你也帶到身邊，幫忙栽培他們，兄弟間結來的善緣。你這世娶兩個老婆，她們常勾心鬥角，讓你很煩。你只好跟你媽媽訴苦，所以，你和你媽媽是無話不談，你也很孝順。這一世，你雖然無法出家，但你很懂得修行佈施做功德。公事中，也很公正在幫人，看到貧窮之人也會幫。這一世，你也就跟我認識了，常常會跟我討論，有些事該怎麼處理？也是很好、很聊得來的朋友。

第三世：你是女生，你有通靈體質，你都在關聖帝君身邊幫人處理眾生事。這一世，你都在忙這些，但你嫁了一位當官的先生。他對你很好、很支持、你做那些事！讓你無後顧之憂的去幫人。這世你們也因此造了很多功德福報，所以晚年是很安逸過日子的。

第四世：你是女生，你因為前世有做佈施功德，你這世財運很好，做什麼賺什麼，你很獨立，是可以不婚的。但你有嫁一好先生，幫你很多，還幫你顧家，你們家越來越富有喔！這世，你生了一男孩，很孝順你、跟你很好，來報恩的。這一世，你算過得很美滿。這世我有助到你的財，你有些投資也都會問我。

第五世：你是男生，你有當官，也很有錢，你有些門下弟子，常常去你家找你，常常高堂滿座，你有結婚，但你媽媽跟你老婆很不和，害你很難做人。你因為公務操勞，常常身體不舒服，這一世差不多五十歲就走了。

第六世：你是男生，你很早就入佛門出家，你還當到寺廟裡的當家，也就是總務，處理很多事。這一世就一直為宗教和修行而忙。

第七世：你是男生，是到處行走的商人，都跑很遠。因為事業忽略對家人的照顧。所以，要圓滿。因為，常常居無定所，你也沒結婚，只是有幾段感情。但是，談一談也無疾而終。晚年，也是去寺廟住，做修行佈施功德。

第八世：就是現在這一世，你也年輕就很想修行。因為你好幾世都是有在修行的。你要圓滿你家人，前世忽略他們，你會很有錢。因為你還很有福報，也會結婚，只是可能會慢幾年，但要小心，遇到的老婆可能會比較情緒化，還要小心與你媽媽的相處，這些都是你要圓滿的。

案例八十八

天喜 太陰 權 忌 沖 兄 丁巳	貪狼 祿 戊午 命	巨門 天同 父 己未	天相 武曲 庚申 福
天府 廉貞 華蓋 夫 丙辰		戊辰年一月三日申時	天梁 天刑 太陽 辛酉 田
乙卯 子	火六局		右弼 科 七殺 壬戌 官
文昌 破軍 甲乙 寅	乙丑	文曲 紫微 甲子 遷	紅鸞 忌 天機 癸亥 友

問：我和妻子的因果關係，幕僚是否有幫助？

案例八十八

詢問者相關人對象　妻：羊　子：鼠　幕僚：馬和豬 5.1.3

原始是天上神明千手千眼觀世音菩薩身邊的護法，幫神明處理所有的總務！也會管到仙女們的事。所以和四個仙女產生感情，你變成處理事情就會偏袒她們！造成其他仙女的嫉妒，就告到菩薩處，你們就被打下人間輪迴。

第一世：你是女生，你很會做生意賺錢，很會盤算和企劃，兄弟朋友很喜歡找你投資合夥，尤其是屬馬和屬豬的，也跟著你來投胎、認識、幫你（其實菩薩要他們來幫你和保護你的）。可是你也遇到和你在天上有感情債的仙女，所以你陸續談了四段感情，不知如何割捨，又造成下一世的糾纏。

第二世：你又是女生，因為你這一世的爸爸和媽媽是離婚的。你因為生在單親家庭，又和媽媽感情很好，自然就擔起家庭經濟重擔。因為也長得不錯，為此就入青樓（現在的酒店）上班，你的酒量還不錯，又善於交際應酬，很快成為紅牌和賺錢，但也很快遇到在天上要圓滿的四個仙女，而這世她們是男生，當然你有很多考驗，也談戀愛而無疾而終，這世算孤老一生，對感情也沒放下開悟。老了有多做佈施功德，因為想到自己苦命一輩子，也無依無靠。

第三世：你因為前世有做功德修福報，這世出生富貴人家。你因為家人很寵，養成嬌生慣養，凡事很鐵齒很難相處。你又遇到那四個仙女來跟你討感情債，所以你這世娶了四個老婆，齊人之福不好享，你又常擺不平，最後，她們四個都遺棄你和你離婚。你老了，也把家產揮霍光了，又是沒圓滿的一世，你又準備再來下一世的輪迴？

第四世：就是現在這一世，你當了大老闆，也開一間工廠，忙於事業賺錢，疏忽關心家人，娶了屬羊的老婆，生了屬鼠的兒子。有一天下班，老婆直接跟你攤牌要離婚，連兒子也要帶走。你突然感慨萬分來找我，被我解說一番，你突然明白開朗，人生真的業隨身，該還的總是要還，我覺得要老有所依，好好規劃未來。

國家圖書館出版品預行編目資料

紫微心法的前世今生 / 天翊居士著.
－－第一版－－臺北市：知青頻道出版；
紅螞蟻圖書發行，2021.11
面　公分－－(Easy Quick；179)
ISBN 978-986-488-221-2（平裝）

1.命師 2.紫微斗數

293.1　　110016851

Easy Quick 179
紫微心法的前世今生
作　　者／天翊居士
發 行 人／賴秀珍
總 編 輯／何南輝
校　　對／周英嬌、天翊居士
美術構成／沙海潛行
封面設計／引子設計
出　　版／知青頻道出版有限公司
發　　行／紅螞蟻圖書有限公司
地　　址／台北市內湖區舊宗路二段121巷19號(紅螞蟻資訊大樓)
網　　站／www.e-redant.com
郵撥帳號／1604621-1　紅螞蟻圖書有限公司
電　　話／(02)2795-3656（代表號）
傳　　真／(02)2795-4100
登 記 證／局版北市業字第796號
法律顧問／許晏賓律師
印 刷 廠／卡樂彩色製版印刷有限公司
出版日期／2021年11月　第一版第一刷

定價 350 元　港幣 117 元

ISBN 978-986-488-221-2　　Printed in Taiwan